祖父・多田等観が語った

チベット密教 命がホッとする生き方

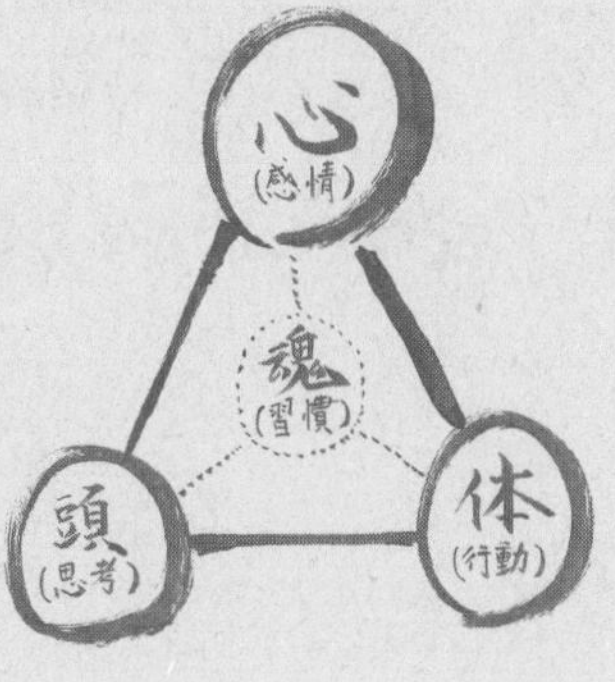

佐藤 伝

サンマーク出版

何か作ってよ
お兄ちゃん
並べてばかりじゃ
つまんない!
いいじゃんか
べつに!!
だって上に
積まなきゃ
積み木じゃない
上に積まなくても
形になれば
いいんだよ――
なぁに?
俺、何も
言ってないよ

…来てる！
来てるね
タ
タ
タ
外行っちゃダメよ
もう夕飯なんだから
――その気配に大人は気づかなかった

訪れを知らせる
でもないのに
玄関の戸を
開けると
なぜか子どもだった
私と妹には
わかったのだ
その人は
黙ってそこに立っていた

多田《ただ》等観《とうかん》
私の祖父である——
大正の時代
等観は単身秘境の地チベットへと向かった
当時のチベットはロシア・中国イギリス領インドに囲まれ
正式な手続きで入国は難しい「秘密国」と呼ばれていた
内蒙古（内モンゴル）
タクラマカン砂漠
新疆（ウイグル）
青梅
中華民国
西蔵（チベット）
朝鮮
ヒマラヤ山脈
ネパール
ブータン
印度（インド）
ミャンマー
インド洋
タイ

1911(明治44)年
京都の西本願寺にて
ダライ・ラマ13世が派遣した3人のチベット僧の世話役をしていた
ツゥワ・ティトゥルら3人の僧と交流を深めるうち
チベット語も習得していた
——だが中国で辛亥《しんがい》革命が勃発すると
ダライ・ラマ13世により3人の僧に帰還の命が出された
3人の僧につきそいインドに渡った等観は
そこで亡命していたダライ・ラマ13世に謁見を許された

おまえに今より名を与える
「トゥプテン・ゲンツェン」
そう名乗るがよい
新しき名は新しき道標である
その道に従い行くがいい

ダライ・ラマ13世より
チベット入国許可証と
旅券を――
西本願寺からは
入蔵命令を受け
等観はインドから
チベットへ向かった
チベットへ向かう
道程《みちのり》には
イギリス官憲の
国境警備がいる
チベット人の巡礼者
になりすまし
ヒマラヤを越す
しかなかった
ダライ・ラマの
許可証だ？
嘘《うそ》をつけ!!
おまえのような
汚い身なりの者が
持つはずない！
盗んだのだろう!!

空気が薄い
苦しい

おまえより小さい体にとっては岩もひと山
だが彼らは自然の苦楽を悦《よろこ》びとする
苦も痛みも悲しみも人ゆえの恵み
感動を愉《たの》しめ
愉しければ心《こころ》よ(快)し――
愉快となる
…「愉快」
フフ…
ハハハ!!

僕もいつか
おじいちゃんみたいに
外国に行ってみたいな
この星に
外国はない
日本の外は
外国でしょ?
この星?
おまえは宇宙を
どんなところと
思ってる?
……?
あのいっぱい
ある星だよ

おまえは「海」と言ったらこの絵のどこを指す？
魚がいるところを海と言うか？
魚を包むこの間にある海が宇宙《スペース》だ
魚と魚のこの「間《スペース》」が大事なんだよ

天神まつり
あー!!
ダメだ!
等観は祭りが好きな人だった
私と妹をよくつれていってくれたものだ
お兄ちゃんヘター!!
アハハハ

祖父にとっての祭りとはほかの人とは違う行事《こと》のようだった
ははは！
おじいちゃんは偉い人のところで修行してたんでしょ？
すごいとこ見せてよ！
――それは魚をとらえるというより
魚と魚の「間」を愉しむようだった

いろどりあめ
なんだよ おじいちゃん!!
1匹もとれなかったじゃんか!
ははは
駄菓子
愉快
愉快
等観にとっての「祭」とは「間を詰める」であり――
集い寄るものとの空間の交わりを楽しむ場のようだった

眠れんのか?
等観は日本へ帰るその前夜——
ダライ・ラマ13世と寝床を並べ最後の夜を過ごしたという
…いつのときも別れは悲しいものです

離別《わかれ》とは新しき出会いの訪れである
そなたが日本に真の仏教の教えを持ち帰ること
それが新しき世を生ずるのだ
涙もまた人の心を洗う
その感動を愉しみ供として持ち帰るがよい
愉快として
そう愉快
…は
あははは!!

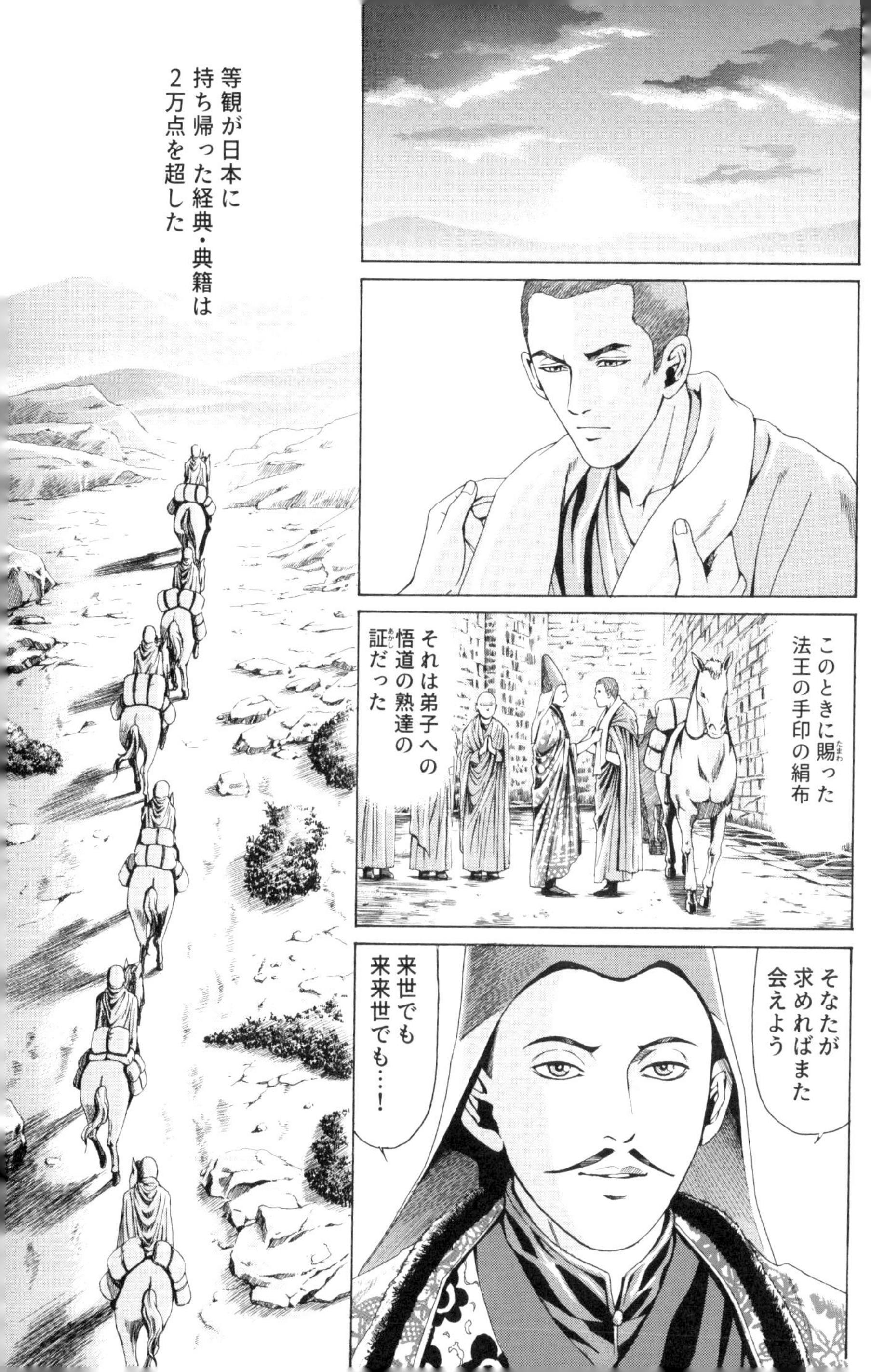
このときに賜《たまわ》った
法王の手印の絹布
それは弟子への
悟道の熟達の
証《あかし》だった
そなたが
求めればまた
会えよう
来世でも
来来世でも…！
等観が日本に
持ち帰った経典・典籍は
2万点を超した

作文を怒られた…?
なんだこの作文は!!
父は優秀な脳外科医だ
おまえはこの程度の見解しかないのか!
そんな父が私に対して抱く期待はときにはつらいものだった
だが　それ以上につらいのは——

私が私を
信じられなく
なることだ
他人が望むものを
書く必要はない
何を書けば
いいの？
ただ
「息」という字を
書き続けなさい

マスに従う
必要はない…
好きな大きさ
好きな向きで
自由に書きなさい
何者にも
ならなくて
いい…
人はただ
息をしてるだけ
でいいんだ
「息」を
する
それは
自《おのず》の心を
する――
そう教えて
くれたのだった

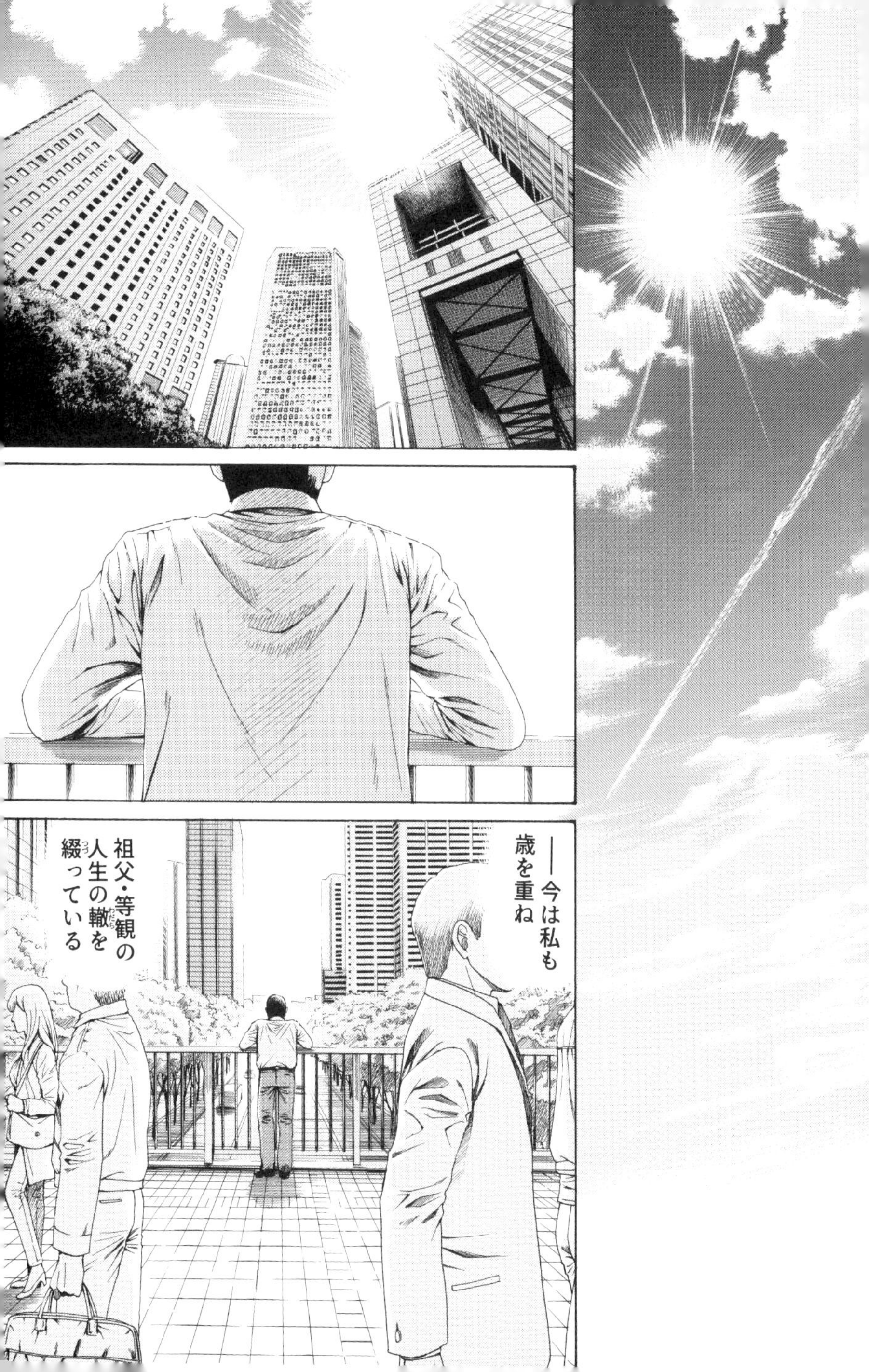
──今は私も歳を重ね
祖父・等観の人生の轍《わだち》を綴《つづ》っている

雲と語り地と遊び人を愉しむ
すなわち息(生き)抜く今の私である
等観はそんな余韻を私に残し
いつの間にか去っていく人だった——

祖父・多田等観が語った

チベット密教

命がホッとする生き方

はじめに

祖父が亡くなって約半世紀。着物姿に下駄ばきの飄々《ひょうひょう》とした姿で、ふらりとわが家を訪ねてくる不思議な老人の姿が、今でもありありと目に浮かびます。

祖父の名前は多田等観《ただとうかん》といいます。

秋田県土崎港にある小さな寺に、6男2女の3男坊として生まれた等観は、22歳のとき、たったひとりで1か月かけてヒマラヤの山々を越え、チベットに入国。ダライ・ラマ13世に謁見しました。

そして、そのまま10年間、ダライ・ラマの元にとどまり、チベット仏教の修行をきわめました。片目を失明するほど勉学に励んだ結果、現地の僧侶でも30年はかかるといわれるゲシェー（仏教哲学博士）の資格を10年で取得したのです。

帰国にさいしては、ダライ・ラマが別れを惜しみ、貴重な宝物を下賜されました。

等観がダライ・ラマからいかに厚い信頼を得ていたかがわかります。

帰国後、等観はチベット仏教の学者として、東京大学や東北大学をはじめとするさまざまな大学や教育機関で教鞭をとりました。

しかし、中学卒の学歴しかない等観は海外からは高い評価を受けていたものの、日本の学会からは冷遇されたまま、一生を終えました。

不遇とも思える生涯ですが、等観自身はいたってのんびりしたもので、地位や名誉や名声にはいっさいこだわることはありませんでした。

地方の大学で教えたり、講演におもむくとき、自身の娘の嫁ぎ先である福島の私の家に、1週間くらい逗留《とうりゅう》するのがつねでした。

当時、小学校低学年だった私は、祖父と近所を散歩しながら、いろいろなことを教わったものです。

「おとうちゃんや、おかあちゃんには内緒だぞ」

祖父が顔をいたずらっ子のようにくしゃくしゃにして、そっと教えてくれる不思議な話に、私は夢中になりました。

宇宙の話、人間のこと、人生についてなど、等観から教わったさまざまな話がその後の私の生き方を決定づけてくれたのは、間違いありません。

私は等観の3人の娘のひとり、長女のところに2人兄妹の長男として生まれました。当時、結婚していたのは長女だけでしたので、等観にとって孫は私と妹の2人だけ。しかも男の子は私ひとりでしたから、唯一の男児である私に、等観は特別な思いがあったようです。

等観が足しげく福島にある長女の家を訪問したのも、自分がチベットで得た知識を、男児の孫である私に伝えようとしていたのではないかと思います。

祖父との密な交流は私が小学4年生になるまでの10年あまり。しかし濃厚なこの10年間の記憶が、私という人間の形をつくってくれたのです。

もし私がもう少し大きければ、口答えしたり、反発して、素直に耳を傾けなかったでしょうし、もう少し小さくても、等観の話が理解できなかったでしょう。
等観は絶妙なタイミングで、私に自分が見聞してきたことの本質を伝えようとしてくれたのかもしれません。

自分が大人になり、さまざまな問題や困難につきあたるたびに、祖父から教えられた言葉が、記憶の底からぽっかりと浮かび上がり、私を導いてくれました。「あのとき言われたあの話は、このことを言おうとしていたのか」と心の底から合点がいき、腑《ふ》に落ちることが何度もあったのです。
死してなお、等観の言葉は私の中で生きつづけています。そして、それらの言葉が半世紀たった今でも、私の人生にも大きな影響を与えています。

私は都内で30年間にわたって創造学習研究所を主宰し、子どもたちや社会人の創造教育にたずさわってきました。現在は行動習慣の研究家として、企業研修や講演活動を行っています。

著書は累計150万部を突破。またメジャーリーガーの大谷翔平選手が利用したことでも有名な夢実現ツール「ナイン・マトリックス」を考案し、国際ナイン・マトリックス協会会長として、グローバルに活動しています。

これらのスピリットとノウハウは、大正12年（1923年）にチベットから帰国した等観から伝授された、密教のマンダラにあります。等観の教えが私の原点となり、行動習慣の研究家としての私の活動を形づくっているのです。

そして私が等観から教わったことは、私だけでなく、すべての「よりよく生きたい」と願う人にとって、普遍的なものでもあると確信しています。

この本では、私が等観から教わったこと、等観の言葉を整理し、その考え方を明らかにしていきたいと思います。

誰もチベット密教に興味、関心を示さなかった大正のあの時代、たったひとりでヒマラヤを越えてチベットに渡った日本人の若き修行僧が、ダライ・ラマから直接教わった宇宙の真理と人生の智慧《ちえ》が、等観を通してみなさんのお役に立てれば幸いです。

目次

027　はじめに

プロローグ　私の祖父は〝チベット高僧〟だった

042　田舎の寺の3男坊がなぜチベットに行ったのか？
047　10年間にわたった僧院での修行
051　ダライ・ラマとの別れ、そして帰国

055 風のように来て、風のように去る祖父の姿
058 絵を描いて教えてくれた人生で大切なこと

第1章 「宇宙のシナリオ」のままに生きる

064 「すべては予定通り。宇宙のシナリオに乗って生きなさい」
~流れにさからわないで生きるのが宇宙の法則
070 「ホッとするほうへ行け。苦労はドブに捨てていい」
~苦しい道でなく、楽しい道を選べばいい
074 「苦行などしなくていい。人生は遊行だよ」
~死んでからでなく、生きている今を極楽にせよ

077 「それぞれみんな、その道の菩薩になればいい」
～何事も喜びと楽しみをもって修行をする

082 「『わらしべ長者』をまる暗記するまで読みなさい」
～ジャッジをしないで生きるということ

088 「ゆだねることができないと、わかるまで苦しみが続く」
～おまかせして生きるということ

092 「不幸の正体は〝離れること〟、幸せとは一体になること」
～それは分離に向かっているのか？　一体化に向かっているのか

第2章　人生、ホッとするほうへ行け

「何者かにならなくていい、ただ息をしているだけでいい」102
～自分の心で人生を生き抜く

「ホッとしているのが、あるがままの自分」107
～「今のままの自分」とはなにが違うか

「私たちはみんな家族。つながっているんだよ」112
～一体化する方向を選べば、「あるがままの自分」に近づく

「命ってなに？」「光だよ」118
～人生とは、光を観る観光旅行

「そうなんだ。愉快、愉快」123
～すべてを受け入れる魔法の言葉をインストールする

「戦わないのがいちばん強いよ」130
～対立せず一体化するのが、いちばん強い生き方

第3章　どんなときも執着しないとうまくいく

「どんな境遇も宇宙がくれたギフトなんだ」140
～誰からも認められないからこそ、自由である

「想いはエネルギー。みんなが雨が降ると思うと、雨が降るんだ」145
～よいイメージをもって生きることの大切さ

「安定と変化を超えて、その上の成長をめざすんだ」150
～どちらでもいい、と手放したとき、成長がやってくる

「小欲を満たさず、大欲を満たせ」156
～欲望を否定せず、大きな欲を追求せよ

「小さいことをおろそかにするな、放置すると大きく育つ」162
～マイナスな種はまかない。見つけたらすぐ刈りとる

168 「言葉は刀だ。ひとつの言葉で地球が震える」
〜爆弾だけがテロではない。言葉のテロもあることを知ろう
171 「何事も細やかに。すべてはバイブレーション」
〜優しさを連鎖させていく生き方が人と自分を救う

第4章 今、このときを幸せに生きる方法

182 「ご先祖さまはお墓でなく、どこにでもいるんだよ」
〜お墓は電話機、お経は電話番号と考えよ
191 「墓のない人生は、はかない人生だぞ」
〜あらゆるものに感謝する生き方が繁栄をもたらす

「ありがとうには『ございます』をつけなさい」 194
〜ミラクルな言葉を言うと、奇跡が起きる

「十分味わいつくしました。ありがとうございます」 198
〜苦しみは感謝して終わりにする

「ごめんなさい、許してくださいは、最強の言葉だぞ」 203
〜「スイートサレンダー」は人間関係のトラブルを回避する

「徳を積むには、ご縁のあった人の心を軽くするだけでいい」 210
〜「陰徳」を積めば積むほど、魂が成長する

「名前を変えると『宇宙のシナリオ』も変わるんだ」 215
〜うまくいかないときは、名前を変えてみる

「紙に書いてやりとりすると、問題は解決するんだ」 223
〜対立する意見は第三者を通して紙面でやりとりする

「結婚は仇どうしがする。だから夫婦げんかはあたりまえ」 229
～縁によってくっつき、縁によって離れる
おわりに 235

ブックデザイン：水崎真奈美
漫画：七重正基
本文DTP：山中 央
編集協力：乙部美帆
構成：辻 由美子
編集：斎藤竜哉（サンマーク出版）

プロローグ

私の祖父は〝チベット高僧〟だった

田舎の寺の3男坊がなぜチベットに行ったのか？

等観の教えをひもとく前に、等観自身について少し語っておきたいと思います。

多田等観は、秋田市の浄土真宗本願寺派弘誓山西船寺という小さな寺で生まれました。西船寺は秋田市中心部から北方向に少し離れた、秋田港近くの土崎港にあります。

等観の父親はこの寺の14代目住職でしたが、6男2女という子だくさんだったため、暮らし向きはけっして裕福ではありませんでした。

長男、次男はさておき、3男坊の等観にまで教育を与える余裕はなかったようで、等観は小学校を卒業したあと、寺の手伝いや檀家回りをして家計を助けました。ようやく旧制中学校に進学したのは、人よりだいぶ遅く、卒業できたのは19歳のときでした。

しかし実家には成人した等観を置いておくだけの余裕がありませんでした。そのため、等観はすぐに京都の西本願寺に手伝いに出されます。そこでの真面目な働きぶりが西本願寺の第22世法主大谷光瑞に認められ、等観に与えられたのが、ダライ・ラマ13世により派遣されたチベットの留学僧3名のお世話係でした。

もっとも等観自身は積極的に留学生の面倒をみたいとも、ほかのなにかをやりたいという意思もありませんでした。

たまたま自分に来た仕事を一生懸命やっただけでしたが、「波乗りのごとく流れにさからわずに乗っていく」というこの生き方が、等観の一生を導き、チベット仏教の高僧にまでたどりつく道筋をつくっていくのです。

等観は留学生の面倒をみながら、日本語を教え、チベット語も習得していきます。しかし等観が教えた日本語は秋田訛《なま》りが強すぎて、ふつうの人には理解できず、彼らと会話するには、秋田弁を解する日本人が必要だったという笑い話があります。

1年後、中国で辛亥《しんがい》革命が勃発すると、留学僧らには帰国命令が出されました。等観は大谷法主に命じられて、彼らが無事に帰国できるよう、インドまでつきそいます。そして幸運にもチベットに近いカリンポンという場所で、一時的にインドに滞在していたダライ・ラマ13世に謁見を許されたのです。

このとき、等観がチベットの風習にのっとって、頭を地につけて3拝したことや、チベット語を話せることに、ダライ・ラマはひじょうに感銘を受けたようです。

チベットは鎖国政策をとっていましたが、ダライ・ラマは等観に、留学生として特例としてチベットのラサで仏教を学ぶようにと、入国許可証を与えました。

しかしチベットとインドの国境は、インドを支配するイギリス政府によって、厳しく管理されていました。外国人である等観にチベットへの入国は許可されず、たとえダライ・ラマの入国許可証があっても、なんの役にも立たないという複雑な政治情勢下に置かれていたのです。

等観は1年間、インドに滞在してチベットへ入国する機会をうかがいます。

そして23歳のとき、法主である大谷光瑞からチベットで修行するよう正式の命令を受けたのを機に、チベットへの密入国を決意するのです。

このときも、等観には「なにがなんでもチベットに行こう」とする意思はなかったようです。

ただ、ダライ・ラマからじきじきに入国許可証をいただいたこと、さらに大谷法主より正式の要請があったので、「流れにさからわず」、チベット入りを決行するのです。

等観はイギリスの官憲の目をあざむいて、ブータン人に変装。インドからブータン経由でヒマラヤの山々を越えて、チベットへの入国を計画します。すでにブータン国境付近には、等観の顔写真が貼りだされており、冷や汗をかきながらの越境だったそうです。

ブータン国内に入ると、人々はみなはだしで歩いています。ブータン人に変装した等観もそこからは靴を捨て、はだしでチベットまで歩きつづけることになります。

ブータンにはトゲのあるイバラがたくさん生えています。その上を痛さをこらえて歩くのは想像を絶する苦行でした。等観の足は、まめといばらのトゲで、いつも血だらけだったそうです。

満身創痍《そうい》、ボロボロの状態になりながら、乞食に近い風体で、ブータン国内を移動。幸いお経が読めたことから、施しを受けることもあり、ようやくのこと、ブータンとチベットの国境までたどりついたのは、インドを出て20日あまり。

そこには最大の難関、標高6500メートルの高い峠がそびえたっていました。峠の向こう側はチベットですが、酸素の薄い高山を、しかもはだしで歩いて越えるのは、並大抵のことではありません。

等観は高山病に苦しめられ、10歩行っては倒れこみ、また10歩行っては気を失うという壮絶な峠越えの末、なんとか、チベット側にたどりつくのです。

のちに等観は私に、「血まみれのはだしの足の痛みがあったおかげで、目が覚めたんだよ！　あのまま気絶していたら、たぶん命を落としていただろう」と、遠い目で当時を思い出すように語ってくれました。

チベットに入国したあとは、ダライ・ラマからもらった入国許可証を見せ、村人たちに施しを頼むのですが、等観の身なりがあまりにみすぼらしかったので、なかなか信用してもらえませんでした。

「許可証を盗んだのか」と疑う人さえいたほどです。

七難八苦の末、ダライ・ラマがいるチベットの首都ラサに、ようやくたどりついたのは、インドを出て1か月後のことでした。

10年間にわたった僧院での修行

ラサでダライ・ラマと再会すると、先方はたいへんな喜びようでした。

「さっそく僧院に入って、チベット僧としての修行をするように」と言われたのですが、そこまでの覚悟がなかった等観は、最初は躊躇《ちゅうちょ》したそうです。

しかしダライ・ラマに説得され、3大寺院のひとつセラ寺に修行に入ることになりました。ここにも自分の意思が優先ではなく、「流れにまかせる」等観の生き方がよく出ています。

僧院での生活はひじょうに厳格で規則正しいものでした。時計がないチベットでは太陽が昇るときが起床の時間になります。係の僧が大講堂の屋根の上でラッパを吹くと、修行僧たちはいっせいに起床し、洗顔をします。

水が少ないチベットでは、洗顔に使える水はお碗1杯のみ。その水で口をゆすぎ、顔を洗います。

乾燥地帯のチベットでは、誰もが肌がガサガサになってしまいます。しかしなかには肌がつやつやで、しわひとつなく、若々しく見えるお坊さんもいました。

不思議に思った等観がそっと観察していると、洗顔の水の中に唾液を混ぜて、顔に塗っていたそうです。自分の唾液を天然クリームにして、保湿に努めていたのです。

「現地の人の知恵は、ほんとうにすごいぞ！」と、のちに等観は嬉々《きき》として私に語ってくれました。

また、チベットではほとんど風呂に入りません。それなのに臭くもなく、みな清潔でした。なぜかというと、乾燥しているので、こするだけでポロポロと垢がとれるからだそうです。等観もみなに倣って、何日も風呂に入らない生活を送りました。

洗顔をすませたあとは、朝の勤行が始まります。その合間に朝食として、ヤクの乳からつくったバターと煮詰めた紅茶を混ぜたバター茶や麦の粉のだんご、おもゆなどをとります。

その後、習熟度別のクラスによって、日課の勉強に入ります。このクラスは13階級あって、初級から始まり、試験を受けて、次のクラスへと昇級していきます。

1クラスを終えるのに、3～4年かかることも少なくなく、最後の13級のクラスを卒業するまで、30年くらいかかるそうです。その間、落伍して、僧院を去っていく人は数知れません。等観は東北人のねばり強さを発揮して、勉学に励みました。

なお最終クラスを卒業して、最後の問答試験にパスすると、「博士（ゲシェー）」の資格が与えられ、僧侶としては別格の待遇を受けられるようになります。

人一倍勉強熱心だった等観は僧院に入って3年目には、「ゲシェー」に次ぐ地位の「チュンゼ」という資格を取得できたそうです。

日課の話に戻りますと、午前中は各クラスでの授業。それが終わると各自、部屋に戻って昼食をとります。部屋で自炊したり、戸外で売っている肉まんなどを買って食べていたといいます。

そして午後からはひたすら勤行。夕食はとらず、バター茶を飲む程度で、1日の日課は終了します。夜は各自の部屋で今日の反省や明日の準備に取り組みます。

チベットでは紙がひじょうに貴重で、教科書や紙の経典なども十分ではありませんでしたから、すべてを暗記して覚えるしかありませんでした。ぼうだいな量の経典を、一文一句間違えずに暗記するのは、想像を絶する地道な努力が必要です。

しかもチベットでは電気やランプもなかったので、バターに火を灯《とも》した薄暗い明かりしかありません。等観は、暗い中で、文献に書かれた細かいサンスクリット語を拾いながら、勉学に励んだため、目をひどく悪くし、とうとう片目を失明してしまいました。

そこまでして勉学に励んだのは、自分がやりたかったというよりも、それが自分に与えられた今世でのテーマである、という使命感からだったのではないでしょうか。目の前に与えられた課題に逆らうことなく、愚直に真面目に取り組む等観の姿勢がここでもわかります。

ダライ・ラマとの別れ、そして帰国

10年の修行を終え、等観は外国人としては初めてとうとう「ゲシェー」の資格をとることができました。ダライ・ラマはことのほか喜んだそうです。

僧院での修行時代から、ダライ・ラマの等観への待遇は特別でした。いつでも許可なく謁見できる修行僧は等観しかいませんでした。これには当時のチベットが置かれていた特別な事情もあります。

海外からの情報を遮断されていたチベットにとって、等観を通して知る世界の出来事は貴重な情報源でした。ダライ・ラマは等観のところに送られてくるインドや日本の新聞から情報を得て、チベットの状況を把握していたのです。

帰国にさいしても、ダライ・ラマからのお許しはなかなか出ませんでした。等観は年老いた両親に会いたいと懇願して、ようやく帰国が許されます。ダライ・ラマは帰国する等観に多くの宝物を与えました。

そのなかには、チベットにおける国宝級のものもたくさん含まれています。なかでも、お釈迦《しゃか》さまの生涯を見事な絵で示した『釈尊絵伝全25幅』は、ダライ・ラマが最後まで手放すのを拒んだという貴重なものです。等観のたっての願いで、のちに日本に25幅すべてが送られてきました。

こうした貴重な宝物を日本人である等観に託したのは、おそらく、ダライ・ラマにはチベットの未来が見えていたからではないか、と等観は語っています。

中国人民解放軍の侵攻により、チベットでは仏教が禁止され、寺院や宝物が破壊されてしまいます。どうせ焼かれてしまうのなら、等観に持っていってもらい、日本で保管してもらったほうがいい。そういう意味もあったのではないかと、私も思います。

帰国する最後の夜、ダライ・ラマは等観と枕を並べて、一晩中語り合ったということです。その後、2人が会うことはありませんでしたが、昭和8年、ダライ・ラマが亡くなるまで、手紙による親密な交流は続いていました。


大正12年、等観は日本に戻ります。32歳のときでした。

翌年、東京大学に嘱託として雇われ、その翌年には東北大学で教壇に立ちながら、チベットから持ち帰ったぼうだいな文献の整理を進めることになります。

この作業は生涯にわたって続けられました。昭和30年（64歳）には、チベット仏教の書籍4000点の内容を明らかにした『西蔵撰述仏典目録』で日本学士院賞を受賞。昭和31年には財団法人東洋文庫のチベット学研究センター主任研究員に任命されます。

これらの功績が認められて、昭和41年（75歳）には勲三等旭日中綬章を授けられています。


大正15年、等観は浄土真宗本願寺派の旧家の娘とお見合い結婚。私の母を含め、3人の娘に恵まれました。母に聞くと、等観はたいへん子煩悩な父親だったそうです。しかし、物やお金にはまったく執着しない人で、なんでも人にあげてしまうので、家族はいつも困ったということです。

手ぶらで歩くのが好きな人で、荷物が多くなると、行った先でみな置いてきてしまいます。あちこちのお寺に招かれて講演や法話なども行っていましたが、お寺でもらったものを、次のお寺で全部あげてしまうこともありました。

あるお寺で、とても大事な宝物をいただいたのに、次のお寺であげてしまい、「多田先生だからさしあげたのに、ひどいじゃないですか」と家族に苦情の電話がかかってきたこともあったといいます。

風のように来て、風のように去る祖父の姿

私の父と母が出会うきっかけをつくったのも、等観でした。

父は脳外科医として一歩を踏み出したころ、悩み多き青年でした。近くの専念寺というお寺に足しげくお参りに来ていたとき、等観と出会い、今まで見たことも聞いたこともない世界観・宇宙観にすこぶる共感します。

等観はすぐに青年の人柄を見抜き、長女の伴侶にぴったりだと考えました。そこで、密教で恋愛を成就させるときに使う特別な祈願「愛染明王《あいぜんみょうおう》」の印を結び、2人が結ばれるよう真言を唱えたそうです。

そして2人を会わせたところ、お互いがひと目で気に入り、その場で結婚が決まりました。

「『愛染明王』の印の効果はすごいだろ」と、あとで等観はうれしそうに語っていたといいますが、「愛染明王」の祈願がなくても、私の父とすれば、尊敬する等観が義父になるのは夢のような話でしたし、母にとっても等観のすすめる青年なら間違いないと思ったのではないでしょうか。

こうして父と母は結婚し、私と妹が生まれました。

等観がよく私の家に来はじめるのは、私が小学校に入ってからです。家に来るとき、等観はいつも手ぶらで、着物に下駄姿でした。

風のようにふらりとやってきて、風のようにいつの間にかいなくなります。おそらく「帰る」と言うと、お土産《みやげ》を持たせたり、気をつかわせてしまうので、そっといなくなることにしていたのでしょう。

等観が帰ったのは、玄関の様子を見ると、すぐにわかります。玄関にある靴が全部下駄箱にしまわれていて、私がほっぽりだしていた草野球のバットやグローブなどもきれいに片づけられています。

等観は玄関の靴を全部しまったあと、たたきのすみずみまで雑巾をかけて、出ていくのです。

子どもながらに、「玄関になにも置かないとこんなにすっきりするんだ」と、とてもイイ気分になりました。「じいちゃんが帰ったあとって、なにか気持ちいいよね」と妹が言っていたのを思い出します。

一度、玄関を雑巾で拭いている等観を目撃したことがあります。

「玄関のたたきは偉いぞ。いっぱい踏んづけられて、たたかれて、それでも泣き言ひとつ言わずに、そこにいるんだぞ。おまえたちはたたきがないと、外に出られないんだ。たたきに感謝しないといけないよ」

雑巾をかけながら、そんな話をしたのを思い出します。

目に見えないところで私たちを支えてくれているものに、感謝の気持ちを忘れてはいけない。折にふれて、等観は大切なことを私たちに教えてくれていたのです。

絵を描いて教えてくれた人生で大切なこと

等観はよく墨で絵を描いて、私に大事なことを伝えようとしていました。とくに印象的だったのが、それぞれ「心」「頭」「体」と書いた3つの◯を三角形に並べた図です。

「心」のところには「感じ方」、「頭」のところには「考え方」、「体」のところには「行動」と書き足していることもありました。

そして三角形の真ん中には「習慣」と書いてありました。

あとになって私が思ったのは、ほんとうは等観は「習慣」ではなく、「魂」と書きたかったのではないか、ただ「魂」という言葉は子どもには難しすぎたので、「習慣」にしたのではないか、ということです。そしてこのトライアングルこそが、行動習慣の研究家としての、私の考え方の土台となっているのです。

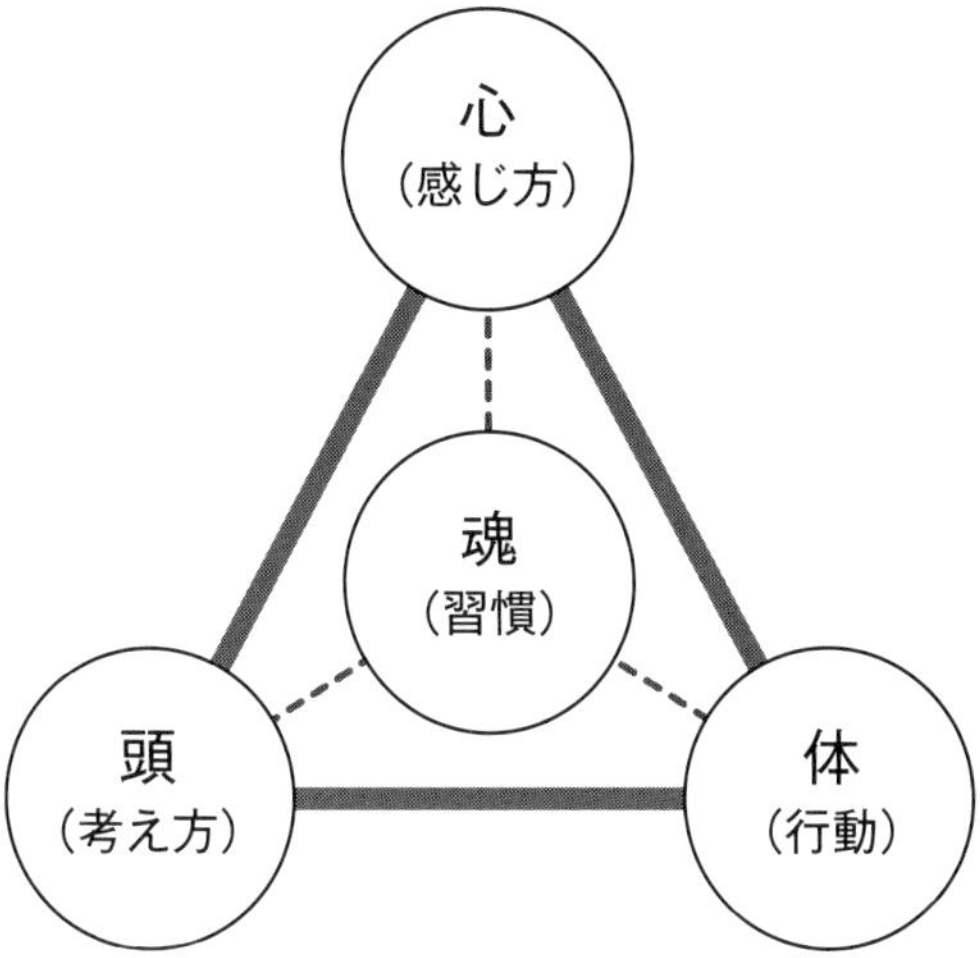

等観のトライアングルを簡単に説明すると、こういうことです。

人は心で感じたことが、その人の考え方につながって、考え方が行動になる。そして行動したことで、心で感じることが影響されて、考え方につながり、行動を決める。

感じることが最初で↓それが考えになり↓行動につながる。人間はその命に終わりが訪れるまで、このトライアングルによって動きつづけます。

そしてこのトライアングルが一定の傾

向、規則性をもってくれば、くせ、すなわち「習慣」となって固定化され、人生の質を決めていくのです。

たとえば、いつもものごとをネガティブに感じてしまう人は、考え方もネガティブになり、行動もネガティブになります。それを続けていくと、ネガティブに生きるくせ＝習慣になって、人生そのものがネガティブになる、というわけです。

ですから、自分の人生を変えたければ、くせ、すなわち「習慣」を変えなければいけません。「習慣」を変えるには、「心」の感じ方のくせを変える必要があり、「頭」の考え方のくせを変え、「体」の行動のくせを変えていく必要があります。

こうしたプログラムを開発し、普及しているのが、今の私の仕事です。

等観は子どもの私にもわかるように、トライアングルについてやさしく説明してくれました。

「いいか。楽しみにしていた遠足の日、朝起きていて、雨が降っていたらどう思う？

すごくいやだと思うよな。でもテストの朝、大雨で学校が休みになったら、どうだ？　うれしいと思うだろ？　雨降りという事実はひとつなのに、感じ方は2つあるんだ。いやだなと感じると、『もう学校なんてなくなっちゃえ』とひどい考えが起きてきて、『学校なんて行かない！』とだだをこねて、おかあちゃんに怒られたりする。ほんとうにいやな1日になっちゃうよな。それを毎日やっていたら、毎日がいやな日で埋まっちゃう。でも雨降りをうれしいと思ったらどうなる？」

「学校が休みになったんだから、いろんな楽しいことをしたくなる」

「そうだろ。楽しい考えがたくさん浮かんできて、それを実際にやってみると、もっと楽しくなるよな。すごく楽しい1日になるんだ。いやな1日と楽しい1日の違いってなんだった？」

「最初にいやだと感じたか、うれしいと感じたか」

「そうだろ。だから『心』の感じ方は大事なんだ。じいちゃんが書いたこの三角形を思い出して、いつもいい感じ方をするんだぞ。そうすれば、いい考え、いい行動がつながって、いい習慣が生まれるんだ。楽して楽しい愉快な人生になるぞ」

まさにブルース・リーの映画の有名なせりふ「Don't think! Feel!」（考えるな。感じろ！）にも通じる言葉です。

等観と交わしたこんな会話が、遠い日の思い出として浮かびあがってきます。まさに等観は私という人間をつくってくれたかけがえのない人間です。

その教えを後世にきちんと残していくのが、私の務めかな、と思っています。

第1章

「宇宙のシナリオ」のままに生きる

「すべては予定通り。宇宙のシナリオに乗って生きなさい」

～流れにさからわないで生きるのが宇宙の法則

等観から私が聞いた言葉でもっとも印象に残っているのが、「**すべては予定通り。宇宙のシナリオに乗っていけ**」というものです。

「いいか。人はみんな宇宙のシナリオをもって生まれてくるんだよ。自分に起きることはすべて予定通りなんだ。だからシナリオにまかせて、安心して流れに乗っていればいいんだよ。でも流れにさからってエゴのシナリオでなんとかしようとすると、苦しい人生になるぞ」

等観によると、人はみな何度も生まれ変わりを経験するそうです。

そして生まれてくるとき**「今度はこんな人生を歩もう」というシナリオを自分で決めてくるというのです。**それが「宇宙のシナリオ」です。

自分が決めたシナリオですから、その通りにいけば、自分が思った通りの人生が歩めるというわけです。

まだ小学生だった私にはちんぷんかん、「なんのこっちゃ?」とさっぱりわかりませんでしたが、自分が60歳を超える年齢になってみると、しみじみとこの言葉の意味がしみてきます。

ジタバタしてもがかなくても、流れにまかせて生きていけば、あんなに苦労しなくてもよかったのに、と思い当たることばかりなのです。

チベット仏教は、死んだらまた生まれ変わるという輪廻《りんね》転生の考え方にもとづいています。

人は死んでも、肉体が滅びるだけ。魂は残り、再び次の肉体によみがえります。まるで服を着替えるように、古くなった肉体を脱ぎ捨てて、新しい肉体に生まれ変わるのだ、と現在のダライ・ラマ14世はおっしゃっています。そのときもってくるのが「宇宙のシナリオ」です。

私たちはそのシナリオにそって生かされています。「宇宙のシナリオ」通りに、流れにまかせて生きれば、なんの不安も心配も感じることはない、というわけです。

「宇宙のシナリオ」の対極にあるのが「エゴのシナリオ」です。こうなるはず、こうあらねばならぬ、こうすべき……などはすべて「エゴのシナリオ」です。

たとえば朝、発車ベルが鳴っている電車に飛び乗ろうとしています。階段を駆けあがって、ホームにすべりこんだのですが、すんでのところでドアが閉まって乗り遅れてしまいました。

「くっそ〜！　もうちょっと開けておけよ！　そうすれば乗れたじゃないか！」

たちまち不愉快になってしまいます。

「乗れるはずだった」。これが「エゴのシナリオ」です。

ここで心が乱れると、「ちくしょー、売店のおばちゃんのおつりが遅かったからだよ」と、あらぬ方向に心が流れていきます。

人間のバグだらけの「エゴのシナリオ」を採用すると、このように人のせい、被害者意識にまみれて生きることになるのです。

一方、「宇宙のシナリオ」にそって生きれば、電車に乗れるか、乗れないかはシナリオまかせ。たとえホームに駆けこんで、電車に乗れなかったとしても、それはまったくの予定通りですから、心を乱す必要はありません。

ただ淡々と受け止めればいい。それだけです。

もしかしたら、その電車に乗り遅れたことで、なにか見えないところで自分にとっていいことが起きていたのかもしれません。

乗る予定だった飛行機に遅れて、墜落をまぬがれたという話などは、この典型だと思います。

まだ若いころ、私は流れにまかせて生きるのは、受け身で消極的な弱い生き方だと思っていました。祖父の言葉に反発して「運命は自分の手で切り開くもんだろう」と「エゴのシナリオ」にまみれて生きてきました。

その結果、人から裏切られ、病気になり、離婚もし、苦しくつらい思いをたくさんしました。今ふり返ると、まさに「エゴのシナリオ」通りだったわけです。

流れにまかせて生きるのは、マイナスなイメージがつきまといますが、はたしてそうでしょうか。

等観自身が流れのままに生きた人生を歩んでいます。

親に言われて京都のお寺に小坊主として奉公に行き、その寺でチベットからの留学生の世話をしろと言われて従い、さらに法主の大谷光瑞から「チベットへ行け」と命じられてその通りにした。

流されてきた結果、ダライ・ラマのもとで修行することになり、外国人として初めて最高学位ゲシェー（仏教哲学博士）にまで到達し、チベット仏教の高僧といわれる立場になったのです。流れにまかせてもけっしてマイナスではなかったわけです。

私たちは流れにさからって、一生懸命、自分の力で漕《こ》ぎたがります。でも考えてみれば、流れにさからって、漕いだところで、どうなるのでしょう？

漕げば漕ぐほど上流に行き、川幅は狭くなって、流れは急になっていくのではないでしょうか。つまり苦労が多い人生になってしまう。

でも、**必死で漕いでいたオールを手放して、そのまま流されていく生き方に身をゆだねれば、まわりの景色をゆっくり楽しめます。**じつは岩や岸にもぶつかりません。ちょうど川に葉っぱを落としたのと同じで、流れに乗っていけるので、途中の障害物をサラリと上手にかわすことができるのです。

そしてたどりつくのは大きな海。

私たちは海に行きたくて、生きているのではないでしょうか。流れにまかせれば、自然に大海にたどりついたのに、上流に向かって漕いでいるから、ますます母なる海から遠ざかってしまう。

わざわざ苦労して、バグまみれの「エゴのシナリオ」に生きる必要はありません。まったくバグのない完璧な「宇宙のシナリオ」にまかせておけばいい。

そうすれば予定通りの場所に流れ着くのですから、淡々とそれを受け入れ、そして大いに楽しめばいいだけだと、等観は私に教えていたのです。

「ホッとするほうへ行け。苦労はドブに捨てていい」

～苦しい道でなく、楽しい道を選べばいい

仏教というと、苦しい修行を連想します。私も子どもながらに、「じいさんはチベットという山奥の国に行って、すごい修行をしてきたんだろう」と思っていました。

頭の中では、じいさんが滝に打たれたり、食べ物も食べないで断食している姿が浮かんでいました。きっと、すごい修行をして、なにか超能力を得たに違いない……。

あるとき、等観に聞いたことがあります。

「ねえねえ、あのさ、チベットで勉強して、わかったことってなあに？」

等観が10年間コツコツと学んできたチベット仏教の奥義をひと言で言え、と聞いているわけですから、我ながらすごい質問をしたものです。

さすがに答えないだろうと思っていたら、等観はニッと笑ってこう言ったのです。

「チベットでわかったのは、**ホッとするほうに行け、ということだよ**」

「えっ？　なに、それ？　ホッとするほうって、なんなの？」

まだ小学生だった私は、そう言って何度も何度も聞き返したのを覚えています。

でもこれこそが、チベット密教の奥義、奥の深い含蓄のある言葉だったのです。

だいたい厳しい修行をしてきた人なら「苦しい道を歩め」と言いそうです。「２つ道があったら、厳しいほうを選べ」とか、「おのれを鍛えろ」とか。

しかし祖父は、のほほんとした顔をして、「ホッとするほうへ行け」と言ったのです。要するに魂がホッとする方向へ行け、そうすれば間違いないのだと、等観は言っていたのです。

おそらくそれが「宇宙のシナリオ」という波に乗っていく、ということになるのではないかと思います。

昔の日本人は生活の中で「ホッとすること」を積極的にとりいれていました。白湯を飲む習慣は、体を温めて、ホッとするひとときをつくるためでしょう。

温泉地のあちこちにある「足湯」も、足を温めることで、疲れをいやし、なごませるためでした。温泉地で有名な熱海が一時さびれていましたが、街のあちこちに「足湯」をもうけたことで、客足が戻ってきたといいます。

あるいは、旅館に行くと提供される浴衣《ゆかた》。あれに着替えると、なぜかホッとしませんか？　浴衣のまま出歩けるし、ご飯も食べられるし、おまけにあのまま寝てもいいのです。まさに究極のリラックスファッションです。

昔のおとうさんたちは、『サザエさん』に出てくる波平おとうさんみたいに、会社から家に戻ると、イの一番に和服に着替えていました。浴衣や着物などの和服スタイルは、体をゆるませ、ホッとさせるのに最適なのです。

そういえば等観は、一年中、着物姿でした。「じいさんだからかな」と私は思っていたのですが、あれは体をゆるませ、魂をホッとさせるために意識的にやっていたのだろうと思います。

心身をゆるめることなく暮らしていると、どうなるでしょうか。いつも緊張しているので、ストレスがたまっていき、人や周囲を批判したり、最後は自分自身をも攻撃するようになります。

苦しみの方向へ歩むと、楽に楽しく生きている人が憎たらしくなるのです。そして人も自分も苦しみの道にひっぱりこまないと気がすまなくなります。

「自分はこんなに苦労しているんだから、おまえだけ楽をするのは許せない」というわけです。でもホッとする道を選ぶと、人も自分も許せるようになる。

等観はこうも言ったことがあります。「エゴのために苦労しても意味なんかないぞ。**苦労なんかドブに捨てろ。魂が楽しいほうを選ぶんだ**」

魂がホッとする道が「宇宙のシナリオ」にそった道だということでしょう。

「苦行などしなくていい。人生は遊行だよ」

～死んでからでなく、生きている今を極楽にせよ

そもそも、等観がゲシェーとして伝えてくれたチベット密教では、人生を苦行の場とはとらえていません。

「**苦行などしなくていい。すればするほどカルマ（業）をつくることになるんだぞ**」

と等観はよく言っていました。ここでいうところの苦行とは、自分にも人にも厳しい「こうあるべきだ」という、エゴのシナリオの道を歩むことです。

こういう生き方をしていると、「あるべきではない」生き方をしている人や自分を責めるようになります。それがカルマ（業）をつくってしまうのだそうです。

「カルマ（業）」とは、人が行う行為のこと。なにか行えば、必ず結果がやってきます。善い行いをすれば、善い結果がやってきますし、悪い行いをすれば、悪い結果がやってきます。

「こうあるべきだ」という苦行を重ねていると、そうではない人や自分をつねに責めて、否定するので、やればやるほど否定したり、責めたり、許せない、といった悪想念のカルマをためていくことになります。

「カルマをつくりすぎると、今世では解消できなくて、来世に持ち越したり、場合によっては自分の弱いところに出ることもあるんだぞ」

と等観は言いました。弱いところというのは、たとえば自分の体の弱いところに病気となってあらわれたり、自分と一緒に暮らしている家族に、メッセージとして不幸が起こることもあるそうです。

では悪いカルマをためずに生きるにはどうしたらいいのでしょう。「苦行ではなく、遊行で生きよ」と等観は言うのです。「遊行」を間違って「ゆうぎょう」と読む人がいますが、正しくは「ゆぎょう」です。

「遊行」という意味が、小学生の私にはよくわからなかったのですが、ざっくりいうと、楽しく愉快に生きること。チベット仏教の奥義である「魂がホッとするほう、楽しいほうへ行け」ということと通じているのです。

「遊行」で有名なのは一遍上人です。一遍は時宗をおこした人ですが、その教えの特徴は踊り念仏にあります。意味などわからなくてもいい。とにかく楽しく踊って念仏を唱えていれば、この世が極楽になるのだという教えです。

今風にいえば、〝クラブ念仏〟〝ディスコ念仏〟といったところでしょうか。一遍は踊り念仏を広めるため、全国を行脚します。この生き方こそ、遊行です。

死んで極楽に行くのではなく、生きている今を極楽にせよ――これはチベット仏教に代表される密教の根幹をなす教えです。

今を極楽にする生き方こそ、ホッとするほうへ流されていく「遊行（ゆぎょう）」というあり方であり、人生のコンパスなのです。

「それぞれみんな、その道の菩薩になればいい」

～何事も喜びと楽しみをもって修行をする

「苦行をするな。遊行をしろ！」と等観はさかんに言っていたのですが、その意味は深すぎて、私は大人になっても、正確にはわかりませんでした。

あのころ、等観がその説明として出していたのが、「菩薩《ぼさつ》」という言葉です。「菩薩」とは悟りを開くために修行をしている人のなかでも、とくに魂のレベルが高い行者をいいます。

ちなみに「菩薩」の上の位は「如来」で、悟りを開いた仏のこと。生きていた人間で「如来」になれたのは、お釈迦《しゃか》さま、すなわち仏陀しかいません。

ダライ・ラマは観音菩薩の化身といわれていますが、「如来」ではありません。生きている人間がめざせる最高位は「菩薩」までと考えていいでしょう。

ただし修行しているだけでは「菩薩」にはなれません。人を救う立場まで自分を高めなければ「菩薩」とはいえないのです。

人はみな、修行をして「菩薩」をめざせばいい、と等観は言います。

「八百屋は八百屋菩薩。魚屋は魚屋菩薩になればいいんだよ。おまえのとうちゃんは医者だから医者菩薩になればいい。その道で一生懸命修行すれば、菩薩になって、人を喜ばせる存在になれるんだ」

でもその修行はしかめっ面で、苦しみながらやるのではいけない、と等観は強調しています。

「修行だから、苦しくしないとダメだと思って、いやな道を選ぶと、苦しいとき、つい、楽をしたいというよこしまな心が起こるんだ。それでは菩薩になれぬ」

等観によると、イヤイヤやるのは菩薩道ではないそうです。喜んで、遊びながらやるのが菩薩道なので、魚屋さんが「今日はこの魚を売りたくねえな。ちくしょう!」と思いながら売ってはいけません。

「奥さん、今日はイワシがおいしいよ。活きがいいタイが入ったから、お刺身で食べるのもいいよね。こっちのヒラメは煮つけがいいよ」などと喜びながら売らないと、菩薩にはなれないのです。

生きている今を極楽にするのが密教のあり方ですから、喜びで道をきわめて、その道の菩薩になるのが、遊行のあり方です。

私は、これぞ「菩薩」という人に会ったことがあります。それは漫画家の楳図かずおさんです。楳図さんが『漂流教室』という漫画を出されたとき、私は大ファンになり、『漂流教室』を全巻持って、事務所を訪ねました。

私がまだ30代で、子ども向けの塾をやっていたときでした。ダメ元で、塾の生徒のために色紙をお願いしたら、丁寧に漫画を描いて、サインしてくれました。しかも、漫画本の全巻に1冊1冊挿絵入りでサインまでしてくださったのです。

ほんとうにいい方だったのですが、私が驚いたのは、楳図さんが泥棒にあった話を聞かせてくれたときでした。楳図さんは**事務所に鍵をかけない主義だそうです。**

そんなことをしたら貴重な原画や置いてあるものが盗まれてしまうではないかと心配したのですが、楳図さんは気にかける様子もありません。案の定、セル画をつくる高価な器械が、つい先日盗まれてしまったというのです。

「ええっ！　やっぱり盗まれますよ。鍵をかけたほうがいいんじゃないですか」と私が言うと、楳図さんは「泥棒さんはそれが必要だから、持っていったんだよ。だからしかたないよね」と飄々《ひょうひょう》として答えるのです。そして、泥棒に入られたあとも、あいかわらず、事務所に鍵はかけていないのだそうです。

「この人、ぶっ飛んでるよ」と私はほんとうにびっくりしました。

それからしばらくして『漂流教室』が映画化されたので、私は「おめでとうございます」とお祝いの花束を持って、事務所を訪ねました。

すると、なんと盗まれた器械が戻ってきた、と教えてくれました。

「鍵がかかっていなかったからね。ボクが困っているだろうと心配した泥棒さんが夜中にそーっと来て、戻しておいてくれたんだよ。助かったなあ。鍵をかけてたら、戻せなかったよね」

ニコニコしている楳図さんを見て、「この人こそ、『漫画菩薩』そのものだ」と思いました。その後ろにはまるで後光がさしているようでした。

楳図さんは漫画を楽しんで描いています。代表作の『まことちゃん』をはじめ、あれだけたくさんの作品を描いているので、たいへんなご苦労があると思いますが、それでも苦しみではなく、楽しみや喜びとして、漫画を描きつづけているのです。

そして、同じく漫画を愛する者には、たとえ泥棒であっても、惜しみなく持てるものを与えてしまう。まさに等観が言っていた「漫画菩薩」の姿がここにあります。

私たちも、その道をきわめて、「菩薩」をめざすのが、人生を幸福に、楽しく愉快に生きる道なのではないでしょうか。そのときのキーワードが「楽しむ」。すなわち「遊行」なのではないかと思います。

「『わらしべ長者』をまる暗記するまで読みなさい」

~ジャッジをしないで生きるということ

「宇宙のシナリオ」を理解させるため、等観は私に『わらしべ長者』を読ませました。

「『わらしべ長者』をまる暗記するまで読みなさい。そして人に話してあげられるようにしなさい」

「『わらしべ長者』を読むとなにかいいことがあるの？」と聞くと、等観は、

「なにもないよ。でも将来、おまえに子どもができたとき、寝る前になにか話して、と言われるだろうから、そのとき話してあげたら楽しいだろう？」

とお茶を濁しました。

私は祖父の真意をはかりかねていたのですが、大人になってだいぶたってから、その意味がわかりました。

『わらしべ長者』は「宇宙のシナリオ」をいちばんよくあらわしている物語だったのです。

『わらしべ長者』の主人公の若者は真面目な男です。しかし、働いても働いてもものごとがうまくいかずに、貧乏から抜けだせません。

あるとき、観音さまにお願いに行ったところ、「このお堂を出て、最初に手にしたものを大切にして歩いていきなさい」というお告げがありました。

言われた通り、お堂を出て歩いていると、転んでわらを拾います。お告げに従って、わらを持って歩いていたら、今度はあぶが飛んできます。それをわらにくくりつけて飛ばしながら歩いていると——。

「おかあさん、あれがほしい！」

母親に連れられた子どもがあぶをほしがりました。あぶをあげると母親はお礼にミカンをくれました。そのミカンを道ばたで腹痛に苦しんでいる女性にあげると、お礼に絹の反物をもらいます。

さらに反物を弱って倒れてしまった馬と交換し、馬に水を飲ませて一生懸命に介抱すると、馬は元気を取り戻します。

この時点で、すでにわらは馬に変わっています。さらにその馬を、急用で急いでいた大きな屋敷に住む主に貸してやり、そのかわりに屋敷の留守番をすることになります。

3年たっても戻らなかったら、馬のかわりに家屋敷をあげると約束した主でしたが、けっきょくいつまでたっても主は帰ってこなかったので、主人公の貧乏な若者は約束通り屋敷をもらい、長者になるという物語です。

まさにこれは流れにまかせる「宇宙のシナリオ」そのものではないでしょうか。

最初にわらを見つけて「なんだよ、わらかよ」と思うのは「エゴのシナリオ」です。「観音さまのお告げなんだから、小判かなにか金目のものが落ちてるだろう」と思うのは自分勝手な「エゴのシナリオ」で、そういう人は、わらは自分のシナリオと違うので、すぐさま捨ててしまうでしょう。捨てるどころか、拾うことすらしないかもしれませんよね。

でもそれを「宇宙のシナリオ」だと信じ、流れにまかせて楽しんで行動していれば、1本のわらが大きな屋敷に変わるのです。

この話には、さらに続きがあって、男が助けた腹痛に苦しんでいた若い女性は、じつは長者の娘で、このご縁が元で2人は結婚します。

人生は〝運〟と〝縁〟――等観が呪文のように唱えていたこの黄金のフレーズを端的にあらわしているエピソードが、この『わらしべ長者』なのです。

「宇宙のシナリオ」とは言葉を換えると、**起こることに「いい・悪い」のジャッジを加えない**ことだと私は理解しています。

『わらしべ長者』の若者は、わらはしょぼくダメ、小判ならお金になるからマル、というようなジャッジをしませんでした。

あぶが来ても、「汚いな」とは思わず、ただ無邪気に「あぶをわらにくくりつけたらおもしろそうだな」と思っただけです。

もしそこでジャッジしていたら、そもそもわらは拾わないし、あぶをわらにくくりつけるようなよけいなことはしないでしょう。

「エゴのシナリオ」で損得をジャッジすれば、そんなことをしても、なんの得にもなりません。ただ時間のムダになるだけでしょうからね。

「宇宙のシナリオ」に乗るポイントは、自分の前で起きることについて「いい・悪い」「損・得」といったジャッジをせずに、受け止めることだと私は思います。

『わらしべ長者』を読みなさい、と祖父から言われた私が、「読むと、なにかいいことがあるの？」と聞いて、「なにもないよ」と言われたのは、まさに象徴的な話だと思うのです。

なにもないけれど、読みなさい。「いい・悪い」のジャッジをせず、何度も何度もくり返し、反芻《はんすう》しなさい。

そうすることで、世の中は「損・得」や「いい・悪い」の「エゴのシナリオ」通りにはいかないのだ、ということ、でも、ただ「宇宙のシナリオ」に身をまかせさえすれば、すべてうまくいくのだということを、祖父はこの秀逸な寓話《ぐうわ》を通して、私に教えようとしていたのだと思います。

「ゆだねることができないと、わかるまで苦しみが続く」

～おまかせして生きるということ

あるとき等観が不思議なことを始めました。自分の手をさしだして、「この手の上におまえの手をかざして重ねてごらん。私の手からちょっとだけ浮かしてかざすんだよ。そして私が手を動かしたら、すぐにおまえも同じ動きをするんだ。私の動きについてこれたらおまえの勝ち。ついてこれなければ、おまえの負けだ」

祖父が遊んでくれると思い、私は喜んで等観の手の上に自分の手をかざしました。等観の手が右に動きます。私もすぐさま右に動かして、祖父の手の上空に自分の手を移動させせました。

今度は等観は左に手を移動させます。私はすぐ追いかけて等観の手の少し上に、自分の手を移動させせました。

何回かやったあと、今度は急に等観は、前後左右にデタラメな動きを始めたのです。予測がつかなくて、私は祖父の手の動きについていけなくなりました。

必死で祖父の手を見つめて予測をするのですが、「今度は右かな」と思うと左に行き、「ぜったい左だろう」と思って動かすと、動くと見せかけて、その場にとどまっていたりします。

「ずるいよ、じいちゃん」

とうとう私は、口をとんがらせました。

すると等観はにっこり笑いました。

「今度は目をつぶって、私の手の上におまえの手をそっと重ねてごらん。**力を抜いて、私の手にゆだねるんだよ。**私が手を動かしたら、どうなるか。よく見ていてごらん」

祖父は手を右に動かしました。私の手は祖父の手の上に乗っているので、一緒に右に動きます。今度は左。私の手もそのまま従います。

「あ、一緒に動く」

思わず、私は叫んでいました。

「そうだよ」と祖父は言いました。

「目をつぶっていたって、おまえはちゃんとついてこれるだろ？　私の手にゆだねていれば、なんの苦労をすることもない。おまえはいつも楽なんだ」


えらく単純な遊びですが、含蓄のある教えです。

祖父を信じて、その上に自分の手を重ね、完全にゆだねてしまうと、その手がどこに行こうとついていけます。

なにもしなくても、ついていける。

でもそれを自分の意志の力でついていこうとすると、たいへんです。

「くそお、待て！　速すぎるよ。そっちに行くなんて、いじわるだよ！」

そのうちついていけなくなって、イライラしてきます。自分の意志の力で動こうとしているかぎり、うまくいきません。

自分の意志の力で動こうとするのは「エゴのシナリオ」です。それで動いているかぎり、思うようにいかないし、心も乱れます。

私が重ねた祖父の手は「宇宙のシナリオ」です。100％「宇宙のシナリオ」を信じて、自分をゆだねてしまえば、楽なことこの上もありません。

祖父は言いました。

「信じるのが、いちばん楽なんだ。信じるしかないんだよ。**信じない人は、信じるようになるまで、苦しいことが起きつづけるのだ**」

祖父によると、「もうたくさんです、ありがとうございました」と感謝できるまで、試練は起きつづけるのだそうです。今世でわからない人は、来世に持ち越すこともあります。

魂がわかるまで苦しみは続く。言い方を換えれば、試練が来たときは、「宇宙のシナリオ」からはずれて、手を離した状態にあると、考えていいのです。

「不幸の正体は〝離れること〟、幸せとは一体になること」

～それは分離に向かっているのか？　一体化に向かっているのか

等観はよく、「宇宙と一体になりなさい」と言いました。

「一緒になると幸せなんだよ。でも離れていると不幸なんだ」と言ったこともあります。等観が私とやった手を重ねるゲームが、まさに一体になることと、分離することの違いを鮮明に物語っていたのです。

不幸＝分離、そして一体＝幸福だということです。

小学生の私には難しい概念でしたが、じつはこの「一体化」が等観の教えの根幹をなすものだったと思います。

私たちの魂は肉体が滅びてもなくなりません。では死んだあと、魂はどうなるのかというと、**「魂のふるさとに帰っていくのだ」**と等観は言うのです。

大人になってから、私もチベット密教を勉強してわかったのですが、私たちの心、すなわち魂は肉体を失ったあとは、宇宙のエネルギーと一体になります。

密教では宇宙のエネルギーのことを「大日如来」と呼んでいます。量子論でいうゼロポイントフィールドです。呼び方はなんでもかまいませんが、要するに宇宙は見えないエネルギー体でできていて、魂はそこに帰っていき、ふたたび、肉体をもって生まれ変わるのです。

神さまなんてほんとうはいないんだ！　というのが仏教の教えのとても大事なところです。イスラム教もキリスト教も絶対神がいて、この神さまが世界や人間をつくったことになっています。

でも仏教は違います。絶対神はおらず、あるのは宇宙のエネルギー（大日如来）だけ。私たちは大日如来＝宇宙のエネルギーが、「人間」という形にただ変化しただけなのです。

「人間」の肉体を失えば、ふたたび、ふるさとである宇宙のエネルギーに帰っていき、一体となります。

そしてここが仏教のなかでも密教の大きな特徴ですが、私たちは、**死んでからではなく、生きたまま宇宙と一体化できるという教えです。**

死んでから天国へ行くイスラム教やキリスト教とは違って、密教は生きたまま魂のふるさとと、つまり宇宙と一体化できるという教えなのです。なんとダイナミックでワクワクする考え方ではありませんか。

生きたまま、どうやって宇宙のエネルギーと一体化できるかというと、それこそがまさしく「宇宙のシナリオ」にそって生きる生き方です。

怖《おそ》れや心配は「こうなるはずだが、そうならなかったらどうしよう」というものです。つまり「エゴのシナリオ」といってもいいでしょう。でも「宇宙のシナリオ」にまかせることができれば、すべては予定通り。怖れも心配も存在しないというわけです。

怖れや心配が皆無の状態は、幸福です。幸福とは、「宇宙のシナリオ」に自分をゆだね、宇宙と一体化している状態といえるでしょう。反対に不幸な状態とは宇宙と分離し、「エゴのシナリオ」で生きること。

「不幸の正体は〝離れる〟ことなんだ」と等観は言ったことがあります。とても含蓄のある言葉です。

幸福になるか、不幸になるかは、一体化するか、離れるかで決まるというのです。

もう少し、具体的に説明しましょう。

たとえば、会社で大きなプロジェクトを一丸となって実行し、成功したとします。みんなで「イエ〜イ！」と喜んでいたとき、自分だけそのプロジェクトに参加していなくて、仲間はずれだったら、不幸せではありませんか？

恋人とハグして幸せなのは、「この人と一体だ」と思うからです。でも「イヤ！　あなたとなんかとハグしないわ」とつき放されたら、とても不幸せです。

キャンプ場に行って、満天の星をながめたとき、なんともいえない幸福感を感じるのは、自然や宇宙と一体になったと感じているから。

一方、ギュウギュウ詰めの満員電車に乗ると不愉快なのは、全員が全員に対して「あっちへ行け！　離れろ！」と分離の方向に向かっているからです。

ということは一体化の方向に進むように、人生を生きれば、幸せになれるといえるでしょう。

たとえば「クソーッ！」と頭にきたことがあって、抗議のメールを書いたとします。すぐ送信ボタンを押さずに、一度寝かせてみるのです。そして少し時間がたってから、もう一度読んでみます。

「このメールは一体化に向かっているのか？　分離に向かっているのか？」

分離に向かっているメールなら、出さないほうがいいのです。

私はエレベータに乗ったとき、よく人間観察をしています。一緒に乗りあわせた人が「分離のエネルギー」で生きているのか、「一体化のエネルギー」で生きているのかが一瞬でわかるからです。

「分離のエネルギー」で生きている人は、「閉じる」ボタンを連打します。なるべく人が乗らないよう排除して、自分だけがいち早く目的の階まで行くんだ、という行動がありありと見えます。

他方、「一体化のエネルギー」で生きている人は、「開」のボタンをちょっと押したまま、誰かいないか、ほんの少し待つ余裕があります。「上に行きますけど、一緒に乗りませんか」みたいな優しさがあふれています。

「分離のエネルギー」で生きている人は、「なにかが足りない」という不足感、欠乏感を生きる原動力にしています。少しでも多く自分の取り分を取ろうとするのですが、上には上がいますから、いつまでたっても満足感はありません。

「足りない、足りない。もっと、もっと」と際限なくほしがり、不足感、不安感で生きつづけることになります。

でもほんとうは宇宙のエネルギーは無尽蔵なので、宇宙と一体化していれば、不足感はありません。一体化に向かうエネルギーからは「なにも不足していないよ」という満足感が得られます。

等観が私に手を重ねる遊びをさせたのは、一体化する安心感を教えたかったのだと思います。「宇宙のシナリオ」を信じて、手を重ね、それに身をゆだねれば、楽に生きられる。でも信じないで、手を離すと、それは分離することなので、動きについていけません。

「ズルいよ。そっちじゃないはずだよ」

怒ったり、イラついたり、不安だったり、心配したり……。

どちらを選ぶのもその人の自由ですが、分離する方向を選ぶと、いつまでたっても苦労がたえないことになることだけは、この機会にぜひハラに落としこんでおいてください。「おまかせ」こそが、最強の生き方なのです。

エゴのシナリオと宇宙のシナリオ

エゴのシナリオ	宇宙のシナリオ
分離・孤立	統合・一体化
批判と戦争	応援と調和
不幸	幸福
ジャッジする	ジャッジしない
コントロールする	ゆだねる
疑う	信じる
抵抗する	おまかせする
闇（無明）の脚本	光（智慧）の脚本
カルマをつくる	カルマを解消する
何かが必要であるという錯覚	必要なものは何もないという悟り
不足感・欠乏感	大感謝・大満足
執着する	手放す
苦行	遊行

第2章　人生、ホッとするほうへ行け

「何者かにならなくていい、ただ息をしているだけでいい」
～自分の心で人生を生き抜く

人は何者かになったり、なにかをなしとげる必要はない。ただ、息をしているだけでいいのだ。

そう考えられるようになったのは、等観の教えが影響しています。

まだ私が小学生だったころ、学校で「将来、なにになりたいか書いてきなさい」という宿題が出ました。「え～？　ぼくはなにになりたいんだろう？」

私は考えこんでしまいました。

というのも、私の父は医者だったので、小さいころから周囲に「おまえも医者になれ」と言われて育ってきたからです。

でも私は医者になるのがいやでした。真夜中に急患でたたき起こされ、往診に出ていく父の後ろ姿を見ていると、自分にはとてもそんなマネはできない！　そんなにキツくてたいへんな仕事になんかつきたくないと感じていたのです。

「医者にはなりたくないなあ。でもほかになにがあるんだろう？　お医者さんて書かないとおかあちゃんに怒られるかなあ」

まだ小学校低学年だった私は、頭の中がぐるぐるしてきて、宿題を書くことができず、とうとう泣きだしてしまったのです。

そのとき、たまたま家に来ていた等観が、黙ってすずりと墨をさしだしました。

「**息という字を書いてごらん**」

変なことを言うじいさんだな、と思いながらも、私は泣きながら、等観に言われた通りに「息」という字を書きました。

「いいか、『息』という字をよおく見てごらん。『自』と『心』、つまり『自分の心』と書くだろ？　人は自分の心さえもっていればいいんだぞ。息だけしていればいいんだ。**何者にもならなくたっていいんだぞ**」

幼い私に等観の言った意味はよくわかりませんでした。でも「何者にもならなくていい」という言葉で、目の前がぱあっと開けた気がしました。

「お医者さんになんてならなくてもいいんだよ」と祖父から言われて、子どもながらに今まで心に重荷をくくりつけていた堅いヒモが、ふっと解けた気がしたのです。

人はいつも「なにかしなければ」「なにかにならなければ」と追われて生きています。

親もそう言いますし、学校の先生もそう指導します。

「もっと夢をもって生きなさい」

「あなたはなんのために生きているの！」

「人生に目標をもて！」

「たった一度しかない人生、何者にもならなくてどうするんだ！」などなど。

でも「宇宙のシナリオ」があるなら、ほんとうは夢も目標もいらないはずです。すでにもうシナリオがあるのですから、それにそって楽に生きていけばいい。

もちろん目標をもったほうが生きやすいのであれば、そうしてもかまいません。でも、そこがゴールではありません。

「夢がないからダメな人間」なのではなく、宇宙から見たら、個人の夢、つまりエゴの夢など幻影（ファントム）なのです。


夢をもて、とはある意味、「変身しろ」と言っているのと同じです。

今のままではダメだから、変身しろ。変身してスーパーマンになれ、超人ハルクになれ。そして世界を救え、と。

でも仏陀は「**凡《ぼん》であることはとても大事だ**」と弟子に告げています。弟子たちが

「私たちもお釈迦《しやか》さまのようになりたいです」と言ったとき、「ならなくていいよ」と、はっきり答えています。

「ありのままでいいんだ。それなのに、なぜおまえたちは別人になろうとするのだ」と仏陀は言ったのです。

夢に向かって走れ、という考え方をしているかぎり、永遠に心の安らぎはありません。「今のままではダメ」なのですから、「ダメな今」が永遠に続いていくだけです。でも等観は私に「息をしているだけでいい」と言ったのです。それは変身しなくてもいい、何者にもならなくていい、ありのままのおまえでいいと言ったのと同じです。

「おまえは息をしているだけでいいんだよ」

その言葉に、私はどれだけ救われたかわかりません。生きているだけで、宇宙は私を優しく認めてくれているのです。

「ホッとしているのが、あるがままの自分」

～「今のままの自分」とはなにが違うか

息をしているだけでいい。何者かにならなくてもいい。変身しなくていい。あるがままの自分でいていい。そう言うと、「それじゃ今のままの自分でいいんだ」と、都合よく勝手に解釈する人が出てきます。

ああ、よかった。それじゃ、ずっと家でゲームしながら、ポテトチップスを食べて、コーラを飲んでいればいいんですね。自分は変わらなくていいんですね、と。

それは違います。**「今のままの自分」が「あるがままの自分」とはかぎりません。**宇宙のシナリオに則した本来の自分になっているかどうかは、ちゃんと検証しないといけません。

「あるがままの自分」を「怠けて、現実から逃げ回っている今の自分」の免罪符にしてはいけません。

では、「あるがままの自分」はどうやって見つけたらいいのでしょう。

等観は「**あるがままの自分は、ホッとしているんだよ**」と言ったことがあります。

まさしく、「ホッとしているかどうか」で、自分の今の状態がわかるのです。

「これは本来の自分じゃない」という状態のときは、どこか心がざわざわしています。

毎日、ゲームばかりして、なにもしないで暮らしていて、「ホッとしている」でしょうか？　心の奥底では「このままではまずい」とか「このまま行ったらどうなるんだろう」と不安に思っているのではないでしょうか。

その不安や心配と向きあいたくなくて、ネットやゲームに没頭しても、心の平安が得られるわけではありません。「ホッとする」のとは対極の、イライラや不安、怒りが蓄積されていくように思います。

この状態をもう少し俯瞰《ふかん》してみると、こうなります。ゲームばかりしてひきこもっている「今の自分」はひじょうに孤立した存在です。大きな宇宙の一部として全体と一体化するのではなく、どんどん離れて、孤立し、寂しくなっていく方向です。

「誰も私のことを理解してくれない。自分はひとりぼっちなんだ」

まさに分離した状態そのものですから、そんな自分は不幸です。宇宙のシナリオにそって生きる「あるがままの自分」なら、宇宙と一体化していて、不安や心配もないはずなので、分離した自分は「あるがままの自分」ではないのです。

「あるがままの自分」かどうかを判断する方法は、もうひとつあります。それは、**よい方向に変化しているかどうかです。**

密教でいちばん大切だとされているのは、「幸せ」よりも上位概念である「自由」です。なにものにとらわれず、自由に見て、自由に選び、自由に行動できることこそ魂の本来の姿だ、と密教ではいいます。

言葉を換えると、自由の本質は「変化」そのものです。変化しなくなった状態は不自由、別の言い方をすれば「死」です。細胞分裂が止まり、血液が流れなくなったとき、死が訪れるのです。

「今のままでいいんだ」というとき、人は変化していません。すなわち、精神的には死んでいるといってもいいでしょう。しかし「あるがまま」でホッとしているときは、どんどん変化しています。変化していないように見えても、ちゃんと変化しているのです。

たとえば、1日のなかで自分の気持ちが変化していく。その変化を肯定的に味わえるのも、変化であり、自由です。

「今のままでいいんだ」という人は変化を怖れています。外に出て人からなにか言われるのが怖いし、挑戦して失敗するのを怖れます。だからひきこもって、変化を受け入れようとしないのです。

でも「あるがままの人」はもっともっと自由です。たとえ人からなにか言われても、そのことにいちいちビビッたりしません。言われたことをジャッジせず、しなやかに受け止め、次に活かそうとするので、自由にふるまえます。

「宇宙のシナリオ」の通りに生きていると、大きな流れとして進化する方向に向かっていきます。**みながつながって、一体になりながら、「よりよくなる方向」に変化していくのです。**

生命の進化を見ていたら、よくわかります。最初は海の中でにゅるにゅるしたアメーバのような得体の知れないものだったのに、そこから陸に上がって進化を重ね、両生類からハ虫類に、そして哺乳類《ほにゅうるい》になり、さらにはヒトへと進化をとげました。

最初は弱肉強食で、生きるか死ぬかしかなかったのに、だんだんみんなで助けあい、協力しあう社会をつくっていきました。

今でもまだ国や民族どうしでいがみあうケースもありますが、それでも古代や中世の戦争や殺戮《さつりく》の時代と比べれば、地球規模でものごとを考えられるようになっているのではないでしょうか。昔は「宇宙船地球号」という考え方はありませんでしたから。

これだけとっても、人も世界も変化し、成長し、「よりよくなる方向」に発展していることがわかります。

「宇宙のシナリオ」にそって生きれば、必ず「よりよくなる方向」に成長していけるのです。これさえ信じられれば、私たちはなにも怖れることはなくなります。

それが「あるがままの自分」です。「今のままの自分」との大きな違いは、怖れや不安があるかどうかですぐわかります。

「私たちはみんな家族。つながっているんだよ」

～一体化する方向を選べば、「あるがままの自分」に近づく

「今のままの自分」が「あるがままの自分」ではなく、「不安な存在」であることはわかったとして、では「今のままの自分」から「あるがままの自分」に変わるにはど

うしたらいいのでしょう?

「エゴのシナリオ」そのもので生きていた若いころの私には、その方法が皆目、見当もつきませんでした。

「ホッとする方向に進めばいい」と言われても、そのホッとする方向だと思った道がエゴにまみれていたこともあります。

「ホッとする」=「俺がやりたいことをやるんだ!」と自分勝手に解釈して、人を傷つけたり、利益主義に陥ったり、数えきれないあやまちをいっぱいしてしまいました。

等観から直接教えを受けたにもかかわらず、この体たらくですから、「あるがままの自分」にならなければならないと理解できても、そこにたどりつくのは簡単ではないのかもしれません。

でも人生も半ばを通り過ぎたあたりから、私はひとつ気づいたことがあります。それは**「あるがままの自分」ならおそらくとるだろう行動を、形から真似てみる。**つまり形から入るという方法です。

そうすれば、「あるがままの自分」に少しは近づいていけるのではないか、と思ったのです。

その当時私が試みたのは、等観の「**私たちはみんな、大きな大きな家族なんだよ。みなつながっているんだ**」という言葉を意識したことです。「あるがままの自分」なら、おそらく人から孤立せず、大きな家族として、みなと一体になってふるまえるだろうと思ったからです。

「私たちはみんな大きな家族なんだよ」という言葉を、いつどんなタイミングで言われたのか、よく覚えていません。

たぶん、手を重ねて遊びながら、「分離」と「一体」の違いについて教えてもらったあとではないでしょうか。

「おまえには、おとうさんとおかあさんと妹しか家族はいないと思っているかもしれないけれど、隣のおばあさんも、お向かいさんの家も、みんな同じ家族なんだよ。私たちはみんなつながっているんだ」

分離してはいけない。一体化する方向へ進め。なぜなら、もともとはみんなひとつだったのだから。等観は「**みんな源は同じだよ。だから不安になるな**」と教えたかったのでしょう。

しかし私には、隣のしわくちゃのおばあさんや、騒々しい向かいの家族と自分たちが同じ家族とはとても思えませんでしたので、「じいちゃんは、またまた変なことを言っている」と、そのまま気にも留めずに受け流してしまいました。

それから何十年もたち、いろいろな経験をして、さすがに思うところがあり、密教を勉強したり、等観の研究をしたりしているうちに、「私たちはみんな大きな家族なんだ」という言葉を、しみじみ体感できるようになったのです。

「そういえば、じいさんはこんなことを言ってたな」と等観の言葉を意識し、「あるがままの自分」「本来の自分」なら実践するであろう行動を心がけるようにしていたら、人生の流れが少しずつ変わっていきました。

たとえばそれまでの私は、電車に乗っても、風体がおかしな人やブツブツひとりごとを言っているような人がいると、「こいつ、刃物でも持ってるんじゃないか。刺されるとヤバいから、近づかないでおこう」と露骨にさけていました。

満員電車で、もうギュウギュウで乗れないのに、ぐいぐい押して入ってこようとする兄ちゃんとかがいると、「なんだ！　こいつ！　バカなんじゃないの！」と眉間にしわを寄せて、心の中で彼に罵詈雑言《ばりぞうごん》を浴びせかけていました。

でもあるときから、「みんな家族なんだ。つながっているんだ」と心の持ち方を少し変えてみたのです。すると不思議なくらい腹が立たなくなり、イライラがなくなっていったのです。

風体のおかしなおじさんも「彼はね、ちょっと変わり者の親戚のおじさんなんだよね」とか、満員電車でぐいぐい押してくる若者も「うちの従兄弟《いとこ》、ちょっとやんちゃなとこがあってねぇ」とおおらかな気持ちで見られるようになりました。

そもそも等観自身が、一年中、着流しの着物を着て、下駄をはき、あたりを眼光鋭くギョロリと観察する、見るからに〝風体のおかしなじいさん〟でした。それでも家族だったから、小学生の私はなついていたのです。

どんな人のことも、みな家族だと思ったら、はなから毛嫌いしたり、イライラしたり、腹が立ったり、警戒することもなくなるでしょう。

それどころか、「あの人もけっこう楽しそうだな」「ちゃんと電車に乗れて、時間に間に合うといいよね」と、その人の幸せを願うようにさえなるのです。

等観に言われた言葉を意識し、そうなるように自分をもっていったら、気がつくと、自分の中から不安や心配が消えていました。そして「エゴのシナリオ」をふりかざさなくても、人生がうまく転がりだしたのです。

「今のままの自分」から「あるがままの自分」に変わりたかったら、とりあえず、「あるがままの自分」がするだろう行動を意識してみる。

すなわち「分離」から「一体化」する方向へと行動を変えていく。そのためには、「私たちは同じ家族。みな根っこでつながっている」と考えるのがいちばんです。そうすると、不思議と自分も自分をとりまく世界も変わっていきます。

「命ってなに?」「光だよ」

~人生とは、光を観る観光旅行

すべてが「宇宙のシナリオ」にそっているのなら、死もまたシナリオ通りです。

近所のお寺の新婚夫婦の間にようやく生まれた赤ちゃんが、八方手を尽くしたけれど、亡くなってしまったことがありました。

お寺なら、たくさんの人を供養して、功徳もたくさん積んでいるはずなのに、なぜ待望の赤ちゃんが亡くなってしまったのでしょうか。

「縁起でもない。あんなお寺の檀家になるのは、やめたほうがいいんじゃないか」

そんな心ないうわさもたちました。

「お隣さんも檀家をやめようか、迷っているらしいね」

父と母がひそひそ話していたこともあります。そのさなか、等観がふらりと帰ってきて、その話を横で聞いていました。

私が「お寺で毎日、お勤めをしているのに、赤ちゃんは長生きできなかったんだね。お経をあげても効果ないんだね」と言うと、等観が口を開きました。

「赤ちゃんが早く亡くなったのは、**その子が今回は早めにバイバイしようと決めて、この世に来たからなんだよ。**そういうシナリオを自分で選んで生まれてきたんだから、その赤ちゃんはとっても徳が高いんだよ」

「へえ、そうなの」

私は、自分が早く死んでしまうシナリオをわざわざ選ぶことなどあるのか！　とびっくりしました。

「そうなんだよ。その赤ちゃんは、生まれ変わってくるときに、今度は赤ちゃんのときに死ぬ人生を選ぼうって、自分で決めたんだよ」

　等観によると、人はみな前世からいろいろな宿題をもってきて、その宿題を完成させるためのシナリオを選ぶそうです。早く亡くなった赤ちゃんは、それを経験する必要があって、その人生を選んだのでしょう。

　ぼくは、いつ、どんなふうにして死ぬシナリオを選んだんだろう？

　私は子どもながらも、命について考えるようになりました。


　あるとき、等観に聞いてみたことがあります。

「命ってなに？」

「光だよ」

　即座に等観は答えました。

「**命のもとは光なんだ。私たちはみな光なんだよ。**でも光のままでは地球で生まれ変われないだろ？　だから、地球に来るときに、入れ物みたいにもってくるのがこの体なんだ。体は命を入れている一時的な入れ物なんだよ。入れ物だから、いつかはこわれるよね。そしたら光になって、また故郷《ふるさと》の宇宙に戻っていくんだ」

等観によると、木々の間から降り注ぐ木漏れ日や、雨上がりのキラキラした光は、みなご先祖さまの命のシャワーだそうです。私たちが光を浴びて、生き返るような気分になるのは、ご先祖さまの命のエネルギーを受け取っているからです。

私たちは亡くなるとき、光に戻ります。ですからチベット仏教では、死にゆく人の枕元で唱える「枕経」というお経のなかで、「向こうのほうに光が見えるから、それをめざして進みなさい。なにも怖がることはないよ。光と一体になりなさい」と教えています。

肉体から離れる魂に対して、命の根源である大きな光と一体になることを促しているわけです。

また等観はこんなことも言っていました。

「死んだら、また戻ってくるよ。地球に遊びに来るんだ。別の体の入れ物をもって、『今度はこんな人生を観てみよう』と決めて、観光旅行をしにやってくるんだ」

「**人生は観光旅行だ**」というのは、等観が口癖のように言っていた言葉です。

「観光旅行なんだから、この世では光を観《み》ていればいいんだよ。それなのに、みんな闇を観る〝観闇旅行〟になっちゃってるんだ。せっかく観光旅行をしようとして生まれてきたのに、闇ばかり観ているんじゃ、つまらないよなぁ～」

実際、私たちが観光地に旅行に行くときも、光を観るからあんなに楽しいのです。たとえば私たちがローマに観光旅行に行ったとします。古い建物や街並みもみんなすばらしいものばかり。でもローマは石畳が多いので、ハイヒールがスポッと石の間にはさまって、転びそうになることもあります。

それでも「やだあ～！　かかとがはまっちゃったわ。はっはっはーっ」と大笑いするでしょう。ローマでは光を観ているから、ハイヒールがはさまっても、楽しく笑っていられるのです。

でも成田に着いたとたん、憂鬱な顔になります。床がちょっとでもすべろうものなら、「なんなのっ！　ここ、水はけがよくないじゃない。転んだらどうするのよっ！」と、ローマでは大笑いしていた人が、ささいなことで怒りだすのです。

それは光ではなく、闇を観ているからです。観光地にいるときのように、ずっと観光旅行のままでいたら、人生はどれほどすばらしいでしょう。

光を観るということは、光＝命を観ること。観光旅行は命が輝く光を観る旅行です。命を観て、命を輝かせる。そのために、私たちは地球に来ているのだ、ということをけっして忘れてはいけません。

「そうなんだ。愉快、愉快」

～すべてを受け入れる魔法の言葉をインストールする

闇を観ず、光を観る生き方の極意として、等観から教わったのが、「そうなんだ。

愉快、愉快」という言葉です。

等観はなにかというと「そうなんだ。愉快、愉快」と言っていました。

「じいちゃん、妹がまたぼくの邪魔をしたよ。怒ってやって」

「そうなんだ。愉快、愉快」

「あのね、算数で悪い点、とっちゃった」

「そうなんだ。愉快、愉快」

「かあさんがね、じいちゃんはいつも貧乏してるって言ってたよ」

「そうなんだ。愉快、愉快」

なにか頭にくることがあって、祖父に告げ口しても、「そうなんだ。愉快、愉快」

と言われてしまうと、肩すかしをくったような気分になります。

私は長い間、この言葉は怒っている人をなだめるためのチベット仏教の呪文みたいなものかな、と思っていました。

郵便はがき

料金受取人払郵便

新宿北局承認

9083

差出有効期間
2024年5月
31日まで
切手を貼らずに
お出しください。

169-8790

154

東京都新宿区
高田馬場2-16-11
高田馬場216ビル5F

サンマーク出版愛読者係行

ご住所	〒　　　　都道府県	
フリガナ		☎
お名前		(　　　)
電子メールアドレス		

ご記入されたご住所、お名前、メールアドレスなどは企画の参考、企画用アンケートの依頼、および商品情報の案内の目的にのみ使用するもので、他の目的では使用いたしません。
尚、下記をご希望の方には無料で郵送いたしますので、□欄に✓印を記入し投函して下さい。
□サンマーク出版発行図書目録

1 お買い求めいただいた本の名。

2 本書をお読みになった感想。

3 お買い求めになった書店名。

市・区・郡　　　　　　町・村　　　　　　書店

4 本書をお買い求めになった動機は?

・書店で見て　　　　・人にすすめられて
・新聞広告を見て(朝日・読売・毎日・日経・その他=　　　)
・雑誌広告を見て(掲載誌=　　　)
・その他(　　　)

ご購読ありがとうございます。今後の出版物の参考とさせていただきますので、上記のアンケートにお答えください。**抽選で毎月10名の方に図書カード(1000円分)をお送りします。**なお、ご記入いただいた個人情報以外のデータは編集資料の他、広告に使用させていただく場合がございます。

5 下記、ご記入お願いします。

ご職業	1 会社員(業種　　)2 自営業(業種　　) 3 公務員(職種　　)4 学生(中・高・高専・大・専門・院) 5 主婦　　6 その他(　　)		
性別	男・女	年齢	歳

ホームページ　http://www.sunmark.co.jp　ご協力ありがとうございました。

でも大人になってかなりたってから、この言葉のほんとうの意味に気がついたのです。**「そうなんだ。愉快、愉快」は、自分自身に向けた言葉だったのです。**

自分に起きたことを、たとえつらいことであっても、ありのままに受け止め、怖れや不安を払拭し、闇ではなく光を観て生きる、シフトチェンジするための魔法の言葉だったのです。

今でも鮮明に覚えているのは、等観と私、妹の3人で近くの神社で開かれた縁日に行ったときのことです。

昔は大した娯楽もありませんでしたから、年に1回神社で開かれる縁日は、子どもたちにとって最大のイベントでした。

私と妹は浴衣を着せてもらって、大はしゃぎで、お祭りに行ったものです。境内はたくさんの提灯《ちょうちん》と屋台で賑わっていました。そのなかでもひときわ人気を集めていたのが金魚すくいです。

「じいちゃん、金魚すくいしたい」

祖父は私と妹に、それぞれ金魚すくいの網を買ってくれました。ところが、この網がくせもので、すぐ破けて、なかなか金魚がすくえません。

「くそーっ、もうちょっとだったのに」と、私は地団駄踏んで悔しがります。「ちょっとお、この網、すぐ破れるようにできてるんじゃないの」と文句をつける人もいます。

ところが等観はというと、私たちの網が破けたり、金魚が逃げたりするたびに「愉快、愉快」と手をたたいて大笑いしていたのです。

なぜじいちゃんはこんなときに「愉快、愉快」と言えるんだろう。どこが愉快なんだろう、と私には不思議でなりませんでした。ひとり笑っている等観の姿は、明らかに周囲からも浮いていたのです。

ふだん、私たちがよく見るのは、「不愉快だ」「けしからん」「なんとかしろ」と怒る大人たちです。「愉快、愉快」と大口を開けて笑う大人の姿など、ほとんど見たことがありません。それなのに等観だけは、なにかというと「そうなんだ。愉快、愉快」と笑っていたわけです。

「じいさんは変人だからしかたない」とみんなは言っていましたが、とんでもない。あとになって考えると、なにが起きても「そうなんだ。愉快、愉快」と笑うことができれば、人生は楽しいものになるに違いないのです。それこそが、闇を観ずに、光を観る等観なりの「観光旅行」の生き方だったのではないでしょうか。

たとえば子どもがコーヒーをこぼしたとします。

「注意力が散漫だから、そうなるんでしょ！」とわあっと怒るのがふつうの大人です。子どもは怒られて大泣きするか、ふてくされるか、いずれにしてもあたりは殺伐とした空気に包まれるでしょう。

でもそのときに「いやあ、愉快、愉快。コーヒーをこぼして、逆に床の掃除ができてよかった。よかった」と言えば、状況は180度変わります。

子どもだって、こぼしたくてこぼしたわけではないので、素直に「ごめんなさい」

とあやまれるでしょう。親もネガティブな怒りの感情を爆発させなくてすみます。

親子が力を合わせて掃除をすれば、けっこう楽しい家族の時間が過ごせるのではないでしょうか。

なにか困ったことが起きても、「そうなんだ。愉快、愉快」というものの見方をインストールしていれば、マイナスの状況をたちどころにプラスに転換でき、幸せな人生が送れます。

等観が「愉快」という言葉を知ったのは、チベットで10年間を過ごし、いよいよ日本に帰るというときです。ダライ・ラマ13世からこの言葉を授けられたのです。

等観とダライ・ラマは明日出発という最後の晩、枕を並べて一緒に寝ながら、思い出話をしたそうです。祖父は「今日が最後の夜だと思うと、とても悲しい」と涙を流して訴えました。するとダライ・ラマが「愉快、愉快、と言ってみなさい」と言ったそうです。

等観が泣きながら「愉快、愉快」と言うと、ダライ・ラマも「愉快、愉快」と返します。お互いに「愉快、愉快」と言いながら、〝愉快合戦〟をしているうちに、2人とも泣き笑いになり、最後は「別れはつらいけれど、愉快だね」と言って笑いあうことができたそうです。

ダライ・ラマは、等観と別れる最後のメッセージとして、「愉快を忘れるな」と言いたかったのでしょう。

なにが起きても、宇宙のシナリオ通り。予定通りと考え、そのことを「愉快、愉快」と受け取れば、自分に起きることはすべて楽しいことだけになります。

「愉快」なことしか起きない人生なら、不安も心配もいりません。これほど幸せな人生がほかにあるでしょうか。

ロックシンガーで「ダイヤモンド☆ユカイ」という人がいます。ダイヤモンドは仏教では金剛といいます。ちなみに金剛といえば、「金剛経」が有名です。

「ダイヤモンド☆ユカイ」は漢字であらわすと「金剛愉快」になります。

なんと最強の名前なのでしょう。事実、彼はこの名前に改名してからブレイクしたそうです。「愉快」は、命の光を集め、光を観る最強の言葉なのです。

「戦わないのがいちばん強いよ」

～対立せず一体化するのが、いちばん強い生き方

金魚すくいのエピソードで、もうひとつ思い出しました。金魚がなかなかすくえずに妹が泣きだしたときです。等観はしゃがんでいる妹の後ろに回って、妹の手を一緒にとりました。

そして「『ありがとう』と言いながら金魚をすくうと、ちゃんとすくえるよ」と教えたのです。等観が「ありがとう」と言いながら、妹と一緒に金魚をすくうと、今まであんなに逃げ回っていた金魚が不思議に1匹ぽんとすくえました。

「わあ、すくえた！」

妹は喜んで泣きやみました。

「じいちゃん、どうやってやったの？　どうしたらすくえたの？」

私は驚いて祖父にたずねました。私には祖父が魔法かなにかを使ったのかと思えました。でも等観はとぼけたような顔で、

「金魚と戦っちゃいけないよ。とれなくても怒っちゃいけない。**『ありがとう』と感謝すればいいんだ。戦わないのがいちばん強いんだよ**」

と答えたのです。

そのときすぐにはその意味がわかりませんでしたが、おそらく等観が言いたかったのは、一体化せよ、ということだったのではないでしょうか。相手と分離して、対立するのではなく、ひとつになる。

金魚をすくいたかったら、「くそっ、なんとかして金魚をとってやろう」という敵対する気持ちではなく、金魚と一体になる感じ。

「私と一緒になってくれてありがとう」という気持ちで、金魚に感謝しながら網を入れれば、むしろ金魚のほうから網に飛びこんでくれる、というわけです。

「戦わないほうが強いんだよ」ということは、それからも何度か等観から聞かされました。私が学校で友だちとけんかして帰ってきたときも、たしかそんなふうなことを言われた記憶があります。

「けんかしてどうするんだ。けんかしても次のけんかがまたやってくるよ。**仲よくしたほうが、両方どっちも勝てるんだ**」

そして話してくれたのがイソップ童話の北風と太陽の話です。北風と太陽が旅人のコートを脱がそうと賭《か》けをします。北風は正面から強い風を当てて、コートを吹き飛ばそうとしますが、旅人はますますコートをかたく身にまとって、絶対に脱ごうとしません。

一方、太陽は旅人をぽかぽかと優しく照らしたので、暑くなった旅人は自らコートを脱いだ、という、あの有名な寓話《ぐうわ》です。

私もつい最近、「戦わないほうが強い」ということを実感しました。それは印刷屋さんに発注した名刺が、約束の日時にできていないというトラブルが起きたときのことです。

その日、私は大事な仕事があったので、それに間に合わせるためにわざわざ名刺を発注していました。それなのに、向こうの手違いで名刺は明日にならないとできていないことがわかったのです。昔の私だったら、その場でがんがん抗議を始めたでしょう。

「なにーっ！　今日は午後から大切な仕事があるから、そのために午前中、とりにいく約束にしてたんですよ。できてないって、どういうことですか？　責任者は誰ですか！」とか。

でも私は、はたと考えました。印刷屋さんと戦ったところで、すぐに名刺ができあがってくるわけではありません。

名刺が遅れたのも宇宙のシナリオ通り。困ったことが起きたら、「そうなんだ。愉快、愉快」の精神で、善悪や損得をジャッジせず、淡々と受け止めたほうが、いい流れに乗っていけるに違いありません。

そこで私は「わかりました。いいですよ。それなら、名刺ができあがったら、またとりにきますね」と言って、穏やかにその場を去りました。そして事務所に戻って、印刷屋さんに渡した名刺の原稿をあらためて確認していたときです。

提出した名刺用の原稿にたいへんなミスを発見してしまったのです！ 私のパソコンの打ち間違いで、ウェブサイトのＵＲＬにミスがあったのです。もしそのまま何千枚も名刺をつくっていたら、全部破棄しなければならないところでした。今日、名刺ができていなくて、ほんとうによかったのです。

すぐに印刷屋さんに連絡して、感謝の気持ちを伝えました。

「今日、名刺が間に合わなくて、ほんとうにありがとうございました」

向こうは「はあ？」という感じです。

「いえいえ、期日に間に合わなかったこちらが悪いのです。名刺の代金はお値引きをさせていただきますので、納期に間に合わなかったことを心からお詫《わ》びさせていただきます」

私も負けじと自分のミスを伝えました。

「いやいや、じつはそうじゃなくて、私にたいへんなミスがあったんですよ。だから、値引きしなくてけっこうです。逆に印刷されていたら、大量のムダができるところでした。助かりました。感謝します」

「いえ、とんでもない。遅れたのはこちらですから。値引きをしなくていいなんて、ありえません。それをお断りになるなんて、なんていい方なんでしょう。どんなお礼をしたらいいのやら」

「いや、別にお礼はいりませんよ。私も助かったんですから」

お互いに相手をほめあい、たたえあい、両者の関係はその前と比較にならないくらいよくなっていたのです。まさに、等観の言っていた「どっちも勝つ！」です。

でもこれを「戦い」のスタンスでのぞんでいたらどうなったでしょう。

「今日、できるって言ったじゃないですか！　どうしてくれるんですか！」

と責めれば、印刷屋さんは平身低頭、謝ったかもしれません。でも心にわだかまりは残ったと思うのです。

内心「なんだ、偉そうに」と思うだろうし、こっちはこっちで「納期が守れない印刷所なんて、ほんとにダメだな。よくそれで商売ができるもんだ」と怒りがますますエスカレートしていったでしょう。


よいコミュニケーションとは、お互いに心のキャッチボールができることです。一方、「戦い」の姿勢でのぞむコミュニケーションは、ドッジボールになってしまいます。「どうやって相手に受け取ってもらおうか」ではなくて、「どうやって相手にぶつけて痛い目にあわせてやろうか」になるからです。

ドッジボールをやっていても、いいことはなにもありません。

印刷屋さんのほうは「それじゃ、こっちも言わせてもらいますが、だいたい3日でこんな複雑な名刺をつくれ、というのが無理があるんですよ。もっと余裕をもって頼んでもらわないと」と言いはじめ、こっちはこっちで「今日できるって言ったじゃないですか。だから頼んだんですよ」と、どんどん関係が悪化していきます。

そんなことになるより、こちらから印刷屋さんに歩み寄って、印刷屋さんの立場に立ったほうがいろいろなことがうまくいきます。

「分離」ではなく「一体化」。「戦い」ではなく「調和」、「相手の敵になる」のではなく、「味方になる」――。

宇宙のシナリオは、戦うより、相手の視点をおもんぱかって同じ立場に立って一体化へ向かっていったほうが、よりうまくいくようにできているのです。

第3章 どんなときも執着しないとうまくいく

「どんな境遇も宇宙がくれたギフトなんだ」

～誰からも認められないからこそ、自由である

チベットから帰国したあとの等観は、けっして恵まれた生活を送ったわけではありませんでした。ダライ・ラマのもとで10年に及ぶ修行をして、外国人として初めてゲシェー（博士）の称号を与えられたにもかかわらず、その実績は日本ではほとんど評価されなかったのです。

なぜかというと、学歴がなかったのが大きかったと思います。等観は秋田の貧乏なお寺の3男坊で、早くから京都のお寺に手伝いで出されていました。

実力主義のビジネスの世界と違って、研究者や学者の世界では、学歴がない、ということが致命的だったのです。

そのため等観は、何歳になっても大学で教授になることはできませんでした。どの大学でもせいぜいが講師止まり。長く勤めた東北大学でさえ、肩書は講師でした。

給料もそれにあわせて安いまま。しかし研究のためには、たくさんの本を買うお金が必要でしたから、等観はいつも貧乏をしていました。彼がいかに貧乏だったのかを物語るエピソードがあります。

学年が終わったあと、学生たちが担当教官を囲んで飲み会をすることになりました。でも肝心の等観だけ、参加できなかったのです。教師なのにお金がなくて、学生たちの飲み会にさえ出席できなかった。それくらい貧乏だったというわけです。

そもそもチベット仏教自体がひじょうにマイナーな分野の学問でした。今でこそ、チベットもダライ・ラマも世界的によく知られた存在ですが、等観が生きていた大正、昭和の初め、日本では、「チベット？　は？」「ダライ・ラマ？　え？　誰？」みたいな世界だったのです。

等観の活躍の場も、きわめて限られていました。晩年の等観は、読める人もいないため、誰も評価できない、チベット密教のなかでももっとも難解といわれるロンチェン・ラプチャムパの埋蔵経の翻訳を、日の目を見る保証もまったくないまま、ひとりコツコツと続けるような生活でした。

家でみんなでご飯を食べていたときです。貧乏をみかねた私の母が、父である等観に詰め寄ったことがありました。

「こんな扱いしか受けなくて、お父さんは悔しくないの？」

母なりに、等観を認めない宗教界や学会の権威に対して、義憤を感じていたのでしょう。しかし等観は動ずることなく、淡々とこう答えました。

「**ギフトだから**」

自分の不当な扱いも、宇宙がくれた贈り物だ、と言ったわけです。

当時、あまり横文字を使う人がいなかったので、「ギフト」という言葉が、私にはものすごく新鮮に響きました。

「じいさんの貧乏は〝ギフト〟なんだ」。なにかとてもステキなものをもらったように感じたものです。

「ギフト」という答えからもわかるように、等観には被害者意識がまったくありませんでした。それどころか、不遇な自分の環境に感謝していたふしすらもあります。

もし等観が世間で評価され、ひっぱりだこの存在になっていたら、コツコツと本来の研究をしている時間はなかったでしょう。

貧乏で、世間からは無視されていたからこそ、自分の大好きな研究に、思う存分没頭できると思っていたに違いありません。

なぜ、公表されるかどうかもわからない経典の翻訳に情熱をささげられたのかというと、私が思うに、等観には承認欲求がなかったからだと思います。

誰も認めてくれなくていい、誰も愛してくれなくていい。なぜなら宇宙が愛してくれているから、というのが等観の想《おも》いだったのではないでしょうか。

誰からも認められなくていい、と思ったら、とても自由になれます。「いいね」の数を気にして、日々の行動や人間関係にビクビクする必要もないし、人のコメントを見て、いちいち一喜一憂しなくてすみます。

今はインスタやツイッターのフォロワーをお金で買うこともできるそうですが、それは本末転倒。そんなことをしなくても、承認欲求が不要なら、自由気ままにふるまうことができるのです。

仏教で「観音さま」というのは「観自在菩薩《かんじざいぼさつ》」のことです。「観自在菩薩」とは「観ることが自在である」という意味です。

ものごとを被害者意識で見ることもできるし、ギフトとして見ることもできる。等観はまさに「観自在菩薩」の見方をもって、「承認」ではなく「自由」を優先順位の第一として、世の中を見つめる生き方を選んだのだと思います。

たとえ誰ひとり自分を認めなくても、宇宙が認めてくれることを信じられれば、人はどこまでも自由でいられます。

自由ほどすばらしいギフトはこの世にない。等観は身をもって、自由のすばらしさを味わっていたのではないでしょうか。

「想いはエネルギー。みんなが雨が降ると思うと、雨が降るんだ」

～よいイメージをもって生きることの大切さ

人の想いはエネルギーだと、等観は看破していました。というのも、等観がわが家を訪問するとき、けっして声をかけたり、扉をたたいて知らせずに、ただじっと黙って玄関の前に立っていたからです。

等観はそうやって**自分の来訪を、〝想い〟で家人に知らせていたのです。**

等観の気配を最初にキャッチするのは、子どもたちでした。とくだん物音がするわけでもないのに、なぜか等観が玄関に立つと、私や妹はその気配を敏感に感じることができました。

「じいちゃん、来てるよ。ぜったいいるよ」

子どもたちがそう言うと、両親は「ほんとか？」「気のせいじゃない？」と言いながら、玄関を見にいきました。するとほんとうに着流し姿の等観が黙って玄関の前に立っているのです。

「気味が悪いから、来るときはちゃんと声をかけてよ」。母はよく等観に小言を言っていたものです。

「じいちゃんが来たことが、どうしてぼくらにわかるの？」

と等観に聞いたことがあります。等観は「**人の想いはエネルギーだからだよ**」と答えました。

「じいちゃんは、『今ここに着いた』と想いのエネルギーを飛ばしているんだ。それがおまえたちに届いたんだよ」

「へぇー、想いってエネルギーなの」

私は等観だけがそういう特別な能力をもっているのかと思いました。でも等観によれば、どんな人の想いもエネルギーになるというのです。

「たとえば朝、空を見て、今日は雨が降るんじゃないかな、と思う人がたくさんいたとするよね。そうすると、その日は雨が降るんだよ。みんなの想いがエネルギーになって、雨を降らせるんだ」

そう言われてみると、たしかに思い当たることがあります。たとえば毎年行われるセンター試験や中学・高校の入学試験のとき。やたらと雪が降って、電車が遅れたり、バスが止まったりしませんか？

あれは、ものすごくたくさんの人たちが「今日、雪が降ったらどうしよう。大雪になったら大変だ」と雪に想いをはせるので、結果的に大雪を招いているのではないでしょうか。

同じような例はたくさんあって、たとえば高齢者の交通事故が増えているのも、「高齢者は事故を起こすものだ」とみんなが思っているから、そういう事故が誘発されているのかもしれません。

世界フィギュアの試合で、「この子は大丈夫だ。ミスをしない」と安心して見ていると、選手もミスをしません。でも「大丈夫かなあ。ミスしないかなあ」「この子は肝心なときに転ぶんだよな」とはらはらしながら見ていると、案の定、失敗してしまうのです。

よちよち歩きの子どもに「転ぶよ、転ぶよ」と言っていると、判で押したようにみな転びます。「ほら、だから言ったじゃない」と親は怒りますが、いや、怒られるべきは、想いのエネルギーでそういう事態を招いた親のほうなのです。

想いがエネルギーなのだとしたら、不安や恐怖などマイナスの想いを集めるのではなく**プラスの想いを結集したほうが、はるかに人生にプラスになることがわかります。**

こんな例があります。

プロゴルフで、ひじょうに強い選手だったのに、なぜか大きな試合では勝てない人がいました。万年2位なので、〝シルバーコレクター〟という、あまりうれしくないあだ名がついていたほどです。

どんなにがんばっても優勝できなかったので、とうとう彼は心折れてしまいます。信頼している神父さんに引退したい、と打ち明けたのです。神父さんは「そうですか。わかりました」と答えました。

「じゃあ、次の試合が最後ですね。最後の試合では、あなたの球がライバルより先にカップに入るたびに、世界中の難病の子どもに寄付をします、と宣言してください。球が早く入れば入るほど、寄付の金額を大きくすればいいでしょう。できるだけたくさんの子どもたちに寄付をしてから、あなたはゴルフ人生を終えればいいと思います」

彼は言われた通り、次の試合で宣言します。

「自分はこの試合でゴルフを引退します。ぼくの球がライバルより先に入ったら、世界中の難病の子どもたちに寄付することにします」

なにが起きたと思いますか？　ゴルフ場にいたギャラリーたちはもちろん、テレビで見ていた世界中の人たちが、彼が球を打つたびに「入れーっ！」と念を送ったのです。すると、おもしろいようにポンポンと球が入りつづけました。そしてなんとその試合で、彼は初めて2位ではなく1位で優勝することができたのです。

私たちの想いの力は強力です。だからこそ、想いはネガティブな不安や怖れ、憎しみに向けてはいけません。成長や幸福、安心や調和などポジティブなイメージをもって、プラスの方向に向けることが大切なのです。

「安定と変化を超えて、その上の成長をめざすんだ」

～どちらでもいい、と手放したとき、成長がやってくる

等観が私に描いてくれた図を、最近になって思い出しました。それをユーチューブ

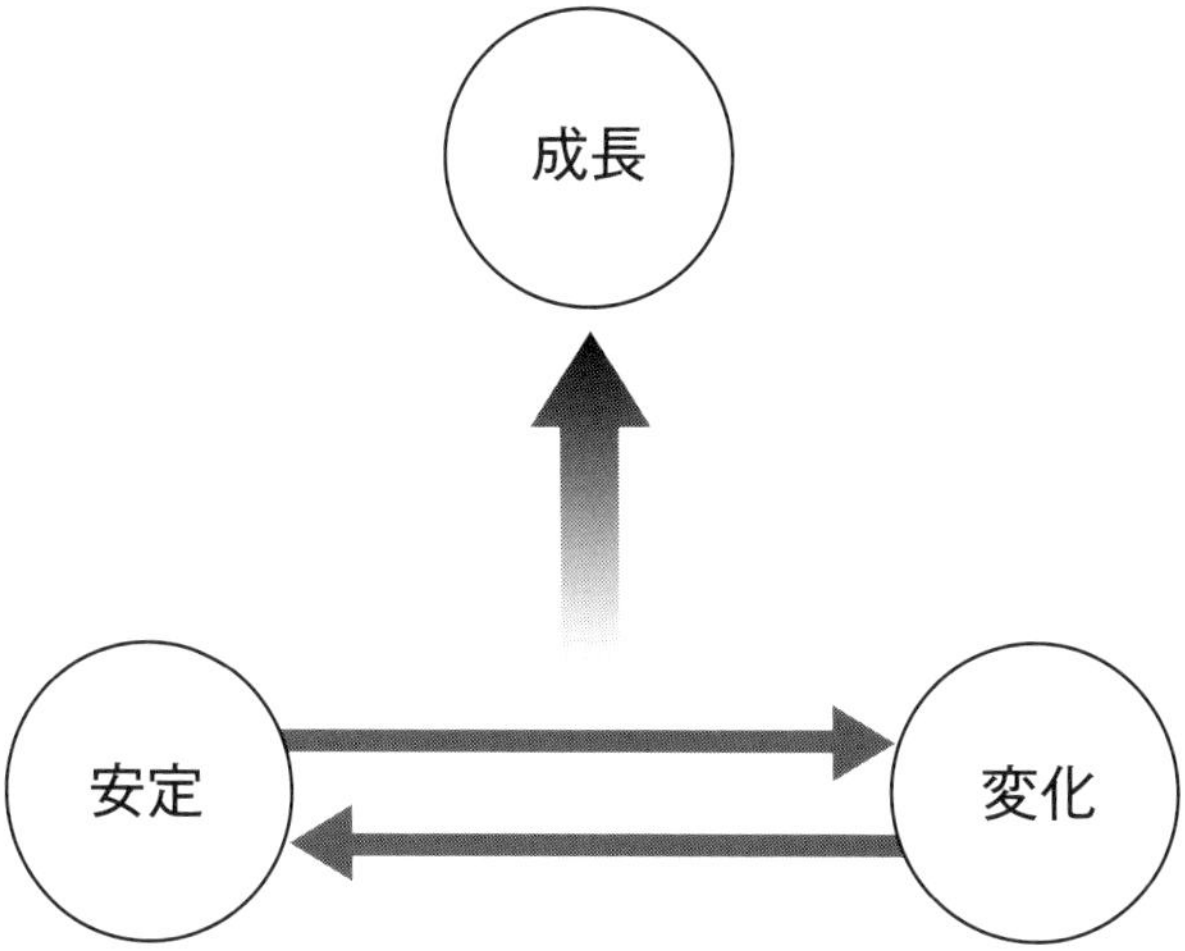

の動画で流したら、けっこう好評だったので、ここでも紹介しておきます。
　等観が描いたのは、「安定」と書かれた○と「変化」と書かれた○が２つ並んでいる図です。
「いいか、人はみんな穏やかで安定した生活をしたいと思うよね。でも安定した状態にずっといると、変化したくなるんだ。それで安定を捨てて、変化に富んだ生活をしていると、逆に今度は安定がほしくなる。つねに変化と安定の間を行ったり、来たりして一生を終えてしまう人が多いんだよ」

等観のこの図を、私なりに解説するとこうなります。たとえば、「このまま日本でくすぶっているのはいやだ。世界中を飛び回って、大きな仕事がしたい」と思ったとします。それは「変化」を求めているからです。

でも実際そうやって転職したり、海外に行って、変化したとしても、しばらくすると「そろそろ安定したいな。結婚して、家族をもって、家もほしいな」と思ったりします。つまり落ち着きたくなるのです。

しかし落ち着いた生活をしていると、「やっぱり私は平凡な主婦で終わりたくないわ」「サラリーマンで一生を終えるのはいやだ」と思いだして、平凡な毎日に不満を覚えるようになるのです。

「変化したい」と「安定したい」の間を行ったり来たりしているうちは、心がざわざわして安寧がありません。変化していると、安定がほしくなり、安定していると、変化に憧れるようになります。

どうすればいいのかというと、「安定」でも「変化」でもないものをめざせばいいのです。

でもいったい、そんなものはあるのでしょうか？　等観はこう言いました。

「『成長』をめざせばいいんだよ。安定でも変化でもなく、成長をめざせば、人生はもっと豊かになって、心の安らぎも得られるんだ」

等観は「安定」と「変化」の上に「成長」という○を描き、「ここをめざすんだ」と言いました。

でもどうやって「成長」をめざしたらいいのでしょう？　等観は「手放せばいいんだ」というようなことを言ったのですが、残念ながらその意味が当時の私にはまったく理解できませんでした。

今、私なりに解釈しているのは、「手放す」とは「安定」にも「変化」にも執着しないことなのではないかと思います。

執着しない、とは、**そうなってもいいし、そうならなくてもいい。どっちでもいい**

と思うことです。「安定」を求めてもいいし、求めなくてもいい。「変化」をしてもいいし、しなくてもいい。

「こんな平凡なサラリーマンをやっている」のもいいし、「ニューヨークに行って好きなことにチャレンジする！」のもいい。「このまま平凡な主婦を続け」てもいいし、「夫や子どもを捨てて愛に生きるわ！」でもいいのです。

要するにどっちだっていい。どちらでもいい、と思えたとき、「安定」も「変化」も手放して、その上にある魂の「成長」に向かっていけるのではないでしょうか。

ゲームがなぜ楽しいのかというと、勝っても負けてもどちらになってもいいからです。仕事の成果や勉強の成績のように、ぜったい勝たねばならない、というわけではありません。

もしゲームがぜったい勝たねばならないものだとしたら、義務になってしまって、おもしろくもなんともないでしょう。

「今日はさんざんだったね」「あれ、もうちょっとだったのに惜しかったね」と言えるから楽しいのであって、「ぜったいあいつに勝たねばならない」ものだったら、少しも楽しめないでしょう。

ゴルフでけんかになって、殺人事件を起こしたという話もあります。勝つことに執着すると、楽しいどころか、殺人事件にまで発展してしまうのです。

でも勝っても、負けても、ほんとうにどちらでもいいと思えば、「久しぶりにゴルフをやったけど、楽しかったねえ」という時間が過ごせます。

そして結果的に、勝負にこだわらないで、楽しくやっていると、気がつけば成長している。ゲームやゴルフもうまくなっているのです。

どちらでもいい、という考え方に立てたら、とても楽になるでしょう。**さらにそうやって結果を手放すと、不思議にどんどん結果もついてきます。**ビギナーズラックはその典型です。勝負にこだわらないから、結果が出る。

執着を手放すと、その上の「成長」のステージに進めるというのはほんとうです。

「小欲を満たさず、大欲を満たせ」

～欲望を否定せず、大きな欲を追求せよ

執着を手放すにはどうしたらいいのか。これが仏教の大きなテーマといってもいいすぎではありません。執着を手放した状態を「悟り」といい（「差を取る」に由来）、この境地に達するために、従来の仏教では必死の修行を行います。

たとえば多くの仏教では、執着しないために欲望を否定します。坐禅《ざぜん》を組んだり、「喝！」と棒でたたかれたり、滝に入って水に打たれたり、厳しい戒律を通して、欲を捨て去る。それが「悟り」に到る道というわけです。

一方チベット仏教に代表される密教では、欲望を否定しません。むしろ**欲望を肯定することで、欲を捨てようというまったく逆側からのアプローチをしています。**

なぜなら欲望は否定すればするほど、かえって執着のスイッチがオンになって自己増殖し、より大きくなっていく存在だからです。

欲望には人から認められたいという「承認欲」や、自分が所有したいという「所有欲」、結果を出したいという「成果欲」などがあります。従来の仏教ではそうした欲望を、厳しい修行によって否定します。

「認められたいと思うな」

「所有しようと思うな」

「成果を出そうと思うな」

でも「欲望をもつな！」と言われれば言われるほど、欲望が気になって、そこに執着するようになるのが人間ではないでしょうか。

たとえば今、私がみなさんに「ピンクの子豚をぜったい想像しないでください」と言ったとします。

「小さくて、かわいくて、ブヒブヒと鳴くピンクの愛らしい子豚ですよ」と言い、

「ダメですよ、ダメですよ。ぜったいに想像しないでください。あ、今、一瞬、ピンクの子豚を想像しましたね。ぜったいダメですっ！」ときつく言います。

言われれば言われるほど、ピンクの子豚が頭の中に浮かんでくるのではないでしょうか。「うわーっ、さっきは1匹だったのに、3匹に増えてますっ！」という人も出てくるでしょう。

否定すればするほど、執着する。だから等観は「安定」と「変化」の図を書いて「どっちでもいいんだ」と言ったのです。「安定」と「変化」の図の上にある「成長」は言葉を換えると、どちらでもいい「執着を手放した自由な」世界観です。

ピンクの子豚を想像してもいいし、しなくてもいい。成果を出せるなら出してもいいし、出せなくてもいい。「きゃー、すごい」とみんなから言われ、承認されてもいいし、承認されなくてもいい。

しても、しなくても、どちらでもいい。あなたの本質はなにひとつ変わらないのだ。

等観はそう言っているのです。

「どちらでもいい」と思えたとき、人間は欲望をサラリと手放して、自由になれると等観は言いたかったのではないでしょうか。

最終的にめざすのは「どちらでもいい」という世界です。でもそう思っても、なかなかその境地に到達できないと思うのです。

ならば、まずは欲望を否定しないことから始めよ、と等観は言っています。

否定すると〝ピンクの子豚〟が頭から離れなくなってしまいます。だから否定しなくていい。うんざりするほどピンクの子豚を想像すればいいのです。寝ても覚めても、ピンクの子豚だらけ。飽きるくらい徹底的にピンクの子豚にフォーカスしてみると、気がつけばピンクの子豚を手放している。

だからこそ「こうしたい！」「これがほしい！」と思う欲があるなら、それに執着することなく、とことん追求してみたらどうか、と等観は言ったのだと思います。

この考え方は、小欲を捨てて、大欲を得よ、という密教の基本スタンスに通じています。密教では、**どうせ欲望が消えないのなら、小さい欲望＝小欲ではなく、大きい欲望＝大欲にせよ、**と教えています。

たとえば「自分だけが幸せになりたい」が小欲だとすると、自分だけの幸せではなく、身内の幸せも、友達の幸せも、同僚の幸せも、なんだったらライバルの幸せさえも徹底的に追求する。

小さい幸せではなく、徹底的に大きな幸せを追求する。結果的に「世界中の生きとし生けるものを幸せに」と思う大欲にたどりつけば、ちっぽけな自分の幸せなど、どうでもよくなります。

わが子の幸せだけを願うのではなく、世界中の子どもたちの幸せを願う。すなわち欲を極大化することで、じつは小欲を手放すことになっています。気がつくともう欲ではなくなっているわけです。

これこそが等観のいう「どちらでもいい」「こだわらない」世界だといえます。そして「どちらでもいい」「こだわらない」世界に行くと、結果的に小欲はかなってしまいます。ここがポイントなのです。

小欲を極大化すると、欲に対する執着はなくなり、欲はかなう。

ビジネスでも恋愛でも、こだわっていない人がすごくうまくいっています。モテる人は断られることにこだわらないので「今度、こういうパーティがあるけど、来る？どっちでもいいんだけど」という軽い誘い方をします。

それだと返事もしやすいので、「じゃあ、行くね」とすぐＯＫが出ます。

でもモテない人は、「ぜったい来てもらわないと困る」と、そこに執着します。誘いのメールもなにか〝こわい感じ〟が漂っているのです。

若い子や教え子たちの会話を聞いていると、「モテない人のラインやメールって長くて、重いよね」ということらしいです。

こだわりや執着の想いが、重くて暗いエネルギーとなって成功を邪魔します。「どちらでもいい」と欲を手放すこと。そのためには、小欲を大欲まで極大化してアプローチしていけば、等観が言った世界に近づけるのではないでしょうか。

「小さいことをおろそかにするな、放置すると大きく育つ」

〜マイナスな種はまかない。見つけたらすぐ刈りとる

ささいなことだと思っても、それがどんどん育って、あとでとんでもなく大きなものに成長していることがあります。

ちょうどがん細胞のようなものです。初期だから大丈夫だろうと放っておくと、1年後にはステージ4になっているというわけです。

私は宿題でもなんでも後回しにする性格だったので、親からいつも怒られていました。等観からも「**すぐやれることは、今すぐやりなさい。それをやらないで放置すると、どんどん育って、もっと大きな荷物になって返ってくるんだよ**」と言われたことがあります。

当時、小学生だった私は、「そんなこと、わかってるよ。うるさいじいさんだな」

といい加減に聞き流していました。

その罰が、あるとき見事に当たるのです。小学生の夏休みでした。家の中を歩いていたら、畳の隅っこのほうに、画びょうがひとつ落ちているのを見つけたのです。金色の円盤に垂直に針がついた、昔のあの画びょうです。

「あ、画びょう」と思いましたが、わざわざ拾って引き出しに戻すのも面倒くさくて、「どうせ誰かが拾うだろう」とそのままスルーしてしまいました。

それから何時間かあとのことです。私のかかとに突然激痛が走りました。あの画びょうを思い切り踏んづけていたのです。脳天がしびれる、とはこのことです。

ギャン泣きする私を抱えて、母は病院に走りました。幸い、かかとに画びょうが刺さっただけでしたので、たいしたケガではありませんでしたが、私にとっては、もうこの世の終わりかと思うくらいの痛さと恐怖でした。

「あ、画びょう」と気がついたとき、拾っていれば、そんな目にあわなくてすんだのです。

「悪いものを見つけても、小さいからいいだろうと思って放っておくと、あとでたいへんなことになるよ。いいものは大事に育てて、悪いものは早くなんとかしないといけないよ」という等観の言葉がよみがえってきました。

私たちが災難だと感じることは、さかのぼっていくと、過去に小さな原因があることが多いものです。

「こんな小さなこと」と思っても、時間をへて、その「小さなこと」が〝怪物〟に育ってしまうこともあります。

私たちが何気なくてやってしまうマイナスなことが、あとでとんでもないものに育ってしまうことはありえるのです。

「おまえなんか死んじまえ」とか「ムカつくんだよ」とか、私たちはわりと簡単に言ってしまいますが、そのときまいたマイナスな種が、月日をへてどう育つかはわかりません。

だから**マイナスの種はできるだけまかない。まいたとわかったら、すぐ刈りとることが大切なのです。**

私にも苦い経験があります。半蔵門に開いた塾が軌道に乗りはじめた30代のころでした。生徒がどんどん増えはじめて、私ひとりでは手が足りなくなり、大学生のアルバイトを雇うようになりました。

あるとき、大学生のひとりが書いてきた報告書に不備を見つけました。私も忙しくて、ちょっとイライラしていたのでしょう。私は「こんな報告書をあげてくるヤツは、いったいどんな頭をしているんだ！」とみんなの前で彼を怒ってしまったのです。

もう少し配慮してやればよかったのですが、そこまで気が回ることもなく、そのまま忘れてしまいました。

しかし注意を受けた彼にとっては、プライドをズタズタにされるような出来事だったに違いありません。

それまで両親にさえ怒鳴られたことがなく、大切に育てられた優等生だったのに、みんなの前で怒鳴られ、恥をかかされた！　そのことが、深い傷と恨みになって、彼の中にくすぶりつづけたのでした。

事件はある日、突然起きました。塾の保護者あてに怪文書が届いたのです。その文書にはこんなことが書かれていました。

「この塾は閉鎖されます。みなさん、こちらの塾に移ってください」。そして移転先として、ほかの区のほうにある、まったく知らない塾の名前が記載されていました。

保護者から問い合わせがあり、私は腰がぬけるくらいびっくりしました。もちろん、塾の閉鎖も、そこに記載されている別の塾のことも、まったく心当たりがありません。

怪文書の出所を調べると、くだんの大学生に行き当たったのです。私としては事務所の鍵も預けているくらい信頼している相手だったので、ショックなんてものではありません。

「どうしてこんなことをしたんだ！」と問いただしてみると、泣きながら彼が話した理由が、以前、私がみんなの前で彼を叱って、恥をかかせたことだったのです。

私にとっては、アルバイトの大学生に与えた小さな注意でしたが、それが塾の経営をゆるがしかねない大ごとになってしまいました。

あのとき、私がもっと丁寧で誠意ある対応をしていれば、こんな事態を招くことはなかったはずです。

「バタフライ・エフェクト」という考え方があります。北京で蝶が羽ばたくと、その変化がどんどん派生していって、ニューヨークで嵐になるというように、わずかなミクロのゆらぎが、大きな状態変化を招くというカオス理論のひとつです。

「これくらい、いいだろう」とやってしまったことが、あとで一大事を引き起こすかもしれません。だから小さなこともおろそかにしてはいけないのです。

もちろん私たちは神さまではありませんから、知らないうちに人を傷つけたり、マイナスな行いをしていることもあるでしょう。

でも少なくとも、「あれ？　今の大丈夫かな？」と心にひっかかることがあったら、すぐにフォローすることです。

マイナスな種はまかない。もしまいたことに気づいたら、後回しにせず、すぐに処理をして、刈りとることが大事です。

「言葉は刀だ。ひとつの言葉で地球が震える」

～爆弾だけがテロではない。言葉のテロもあることを知ろう

アルバイトの学生に怪文書を書かせてしまったのは、私の配慮のないひと言でした。「こんな報告書をあげてくるヤツは、いったいどんな頭をしているんだ！」。そしてみんなの前で彼を叱ってしまった。

けっして強い口調ではなかったと思いますが、それでも言葉が彼につき刺さったのです。刃物で刺された傷は医者に行けば、そのうち癒えて治ります。でも言葉で刺

された傷は何年たっても消えるものではありません。

なにかあるたびに思い出し、フラッシュバックし、自分にも周囲にも大きなマイナスをもたらす行為のトリガーとなります。

言葉について、等観が語ったことがあります。家で私が母からひどく怒られていたときでした。たぶん、宿題を忘れたか、テストの点が悪かったのでしょう。近くにいた等観が、母に対しておもむろに口を開きました。それはとても穏やかな口調でした。

「おまえ、怒ると叱るは違うぞ。人に対して注意するときは、ふつうのトーンで叱らなければいけない。おまえのはただ感情にまかせて怒っているだけだ。小さい子どもに対してとるべき態度ではない。いい加減にしなさい」

それまで怒りに身をまかせ、ヒステリックに怒っていた母が、はっと我に返りました。大泣きしていた私も、びっくりして泣きやみました。

空気が一変したのです。

しーんとした空気の中で、等観は静かにこうつけ加えました。

「言葉は刀だ。ひとつの言葉で地球が震えることだってあるんだぞ。自分の口から出す言葉には注意しなさい」

強烈なひと言でした。まさに言葉に刺されて、母はそのまま沈黙し、私はあっけにとられていました。

すげえ、じいちゃん……。一発でおかあちゃんを黙らせたぞ。

まさに、言霊《ことだま》が魂を一撃する瞬間を見た思いでした。

等観が言ったように、言葉が刀になるのを、証明する事件が起きたことがあります。現役の裁判官が妻を殺した事件です。よりにもよって、人を裁く仕事の裁判官が、殺人をおかしてしまったのです。動機を問われた裁判官の言葉が衝撃的でした。

「夫婦げんかをしていて、『ハゲのくせに』とののしられたのです。その言葉だけはどうしても許せなかった」

どんな言葉に反応するかは、人によって違います。「ハゲ」と言われて、なんとも感じない人もいれば、この繊細な裁判官のように殺人事件にまで発展するほど怒りが爆発する人もいます。

言葉には気をつけなければいけません。ネガティブな感情にまかせて口から吐いた言葉は、自分ではそれほどと思っていなくても、相手の心臓をえぐってしまうほど強烈なことがあるからです。

爆弾だけがテロではありません。〝言葉のテロ〟も現実にあるのです。

「何事も細やかに。すべてはバイブレーション」

～優しさを連鎖させていく生き方が人と自分を救う

等観は「幸せに生きようと思ったら、**自分のあらゆる活動を細やかにしていくことが大切なんだ**」と言ったことがあります。

これは「ホッとする方向に生きよ」というチベット密教の奥義を、別の言葉で言い換えたものだと、私は思っています。

あるとき、等観が半紙に丸く円を描いて、私に聞きました。

「いいか、これが小さな池だよ。この中におまえが大きな石を投げいれたらどうなると思う?」

私は池に石を投げるところを想像しました。大きな石を拾って、「おらーっ!」と池に投げこむ。きっとドボーンと大きな水柱がたって、池の水面は激しくゆれて波だつでしょう。

でもやがて大波はおさまって、池は静かになります。

「今度は、池のはしっこに手を入れて、そっと動かしてごらん。池はどうなるかな?」

私は池のはしに手を入れて、ちゃぷちゃぷしているところを想像しました。さざ波がたって、波紋が広がっていきます。それが池全体に広がっていき、次々とさざ波が起きてくるでしょう。

その波は小さくて、細やかですが、なかなか消えず、いつまでも池の表面で波立っているはずです。

等観は言いました。

「いいか。世の中のすべてのものにはバイブレーション、つまり波動があるんだ。粗い波動もあれば、細やかな波動もある。たとえば池の中に大きな石をドボンと放りこむのは、粗い波動だよ。高い波がたって、池の水面が大きくゆれ動く。でもそれはいっときのものだ。やがておさまってしまう」

等観は今度は半紙に人の絵を描きました。

「人もおんなじなんだよ。自分を大きく見せたくて、相手を大声でおどしたり、ものをたたいて威嚇《いかく》する人がいる。つまり粗い波動を出す人のことだ。そのときはみんなびっくりして、言うことを聞くかもしれないけど、そんなものは長く続かないんだ。**粗いバイブレーションで変わるのは、ほんのいっとき。長く影響を与えるのは、細やかな波動なんだよ**」

小さい私には難しい話でしたが、怒りまくっていた母親を、一瞬で静かにさせた等観の穏やかな口調や、そのときの凛《りん》としたたたずまいを思い出すと、「細やかなバイブレーション」の意味がなんとなくわかるような気もしました。

等観が言いたかったのは、粗いバイブレーションではなく、細やかなバイブレーションで生きよ、ということだったと思います。そのほうが影響力が大きく、結果もいいものになる、ということです。

たとえば、私の母が感情にまかせて私を怒っていたときのこと。母から出ているのは粗いバイブレーションです。母をやめさせようと、等観も大声で怒鳴ったとします。等観から出るのも粗いバイブレーションです。

どうなるでしょう。

「おとうさんはなにもわかってないのよ。たまに来て、偉そうなこと、言わないでよ！」と母はかみついたと思います。

粗いバイブレーションに、さらに粗いバイブレーションで返せば、波どうしの増幅によって、事態は収拾がつかなくなります。池には大波がたち、魚やカエルたちは大混乱におちいったでしょう。そこからは動揺や怒り、イライラといったマイナスなもの以外、なんの成果も生まれません。

でも、等観は粗い口調ではなく、穏やかな口調で母をたしなめました。母の粗いバイブレーションに、細やかなバイブレーションで対したわけです。

一瞬で大波は静まり、穏やかなさざ波が広がりました。母は我に返って自分の行為を反省し、私もなんだか厳粛な気持ちになって、「宿題をちゃんとやらないといけないんだなあ」と素直に顧みることができたのです。

怒りは粗いバイブレーションです。「ふざけるな！」とか「責任者を出せ！」と怒鳴っているときは、粗いバイブレーションが相手を直撃し、大波を起こします。大波は大波を呼び、さらに混乱を引き起こすでしょう。

それらはいずれはおさまったとしても、いやな後味しか残しません。

でも細やかなバイブレーションで対応すると、大波を一瞬でしずめることがあります。さらにその場を穏やかにして、成長につながるクリエイティブな結果を生みだす可能性もあるのです。


おもしろい研究があります。

ある人が、相手に対して優しくします。すると、優しくされた人からはセロトニンという幸せホルモンと、オキシトシンという愛情ホルモンが出て、とてもいい気分になります。

興味深いのはここからです。セロトニンとオキシトシンが出るのは、相手だけではありません。**優しくした張本人、つまり自分からもセロトニンとオキシトシンが出るのです。**

「人に優しくしてあげた自分って、いいヤツだな」。そう思ってセロトニンとオキシトシンが分泌され、自分もいい気分になるのだそうです。

さらに驚くべきは、その光景を見ていたまわりの人にも影響が広がるということです。まわりの人も、みなセロトニンとオキシトシンが出るのです。

「人に優しくするってステキだな」。優しくされた人、優しくした人だけでなく、それを見ていた人全員が、いい気分になる。つまりさざ波のように、優しさと多幸感が伝播《でんぱ》していくのです。動画のフラッシュモブなども好例ですね。

ちなみに、これらの神経伝達ホルモンが関係している臓器がなにか、ご存じですか？　脳はもちろんですが、腸と心臓が密接に関係しているのだそうです。

人の優しさにふれたとき、「心が温かくなる」といいます。けっして「頭が温かくなる」とはいいません。頭が熱くなったら発熱か、頭痛ですから。

温かくなるのは、ハート。気分に関係するホルモンが心臓と深いつながりがあると聞けば、「心が温かくなる」感覚も、なるほどとうなずけます。

とにかく、細やかなバイブレーションはさざ波のように周囲に伝わっていき、次々と連鎖していきます。優しい行為を見た人が、セロトニンとオキシトシンに包まれて、家に帰って子どもに優しくする。すると子どもからセロトニンとオキシトシンが出て、今度は子どもが学校で友だちに優しくふるまい、その優しさが学校中に広がっていきます。

優しさが、どんどん伝播していき、気がつくと、自分のまわりはみな優しさに包まれている。つまり自分自身も優しさに包まれることになります。

細やかなバイブレーションを心がけると、自分もまわりも幸せに生きることができるのです。それこそが、チベット密教の奥義「ホッとする方向に生きる」ことに通じるのではないでしょうか。

参考までにふれておきますと、本物の宝石は細やかなバイブレーションを出しているそうです。ですから**宝石を身につけていると、バイブレーションが細やかになりま**

す。 観音さまに代表される菩薩たちが、たくさんの宝石を身につけているのは、バイブレーションをより細かくするためだそうです。

でも、等観はいっさい宝石は身につけていませんでした。「じいちゃんはなぜ宝石をつけないの？」と聞いたことがあります。

「思うだけでいいんだ。宝石があると思っていれば、身につけたのと同じなんだよ」と等観は答えました。等観によれば、ダイヤやクリスタル、ゴールドやラピスラズリが、シャワーのように自分にふり注いでいるところを想像するといいそうです。

それを自分で独り占めしようとするのではなく、雨のように、あらゆるご縁のある人のところに流れていく。そういうシーンを想像すると、バイブレーションが細やかになって、幸運を引き寄せることができるそうです。

第4章　今、このときを幸せに生きる方法

「ご先祖さまはお墓でなく、どこにでもいるんだよ」

～お墓は電話機、お経は電話番号と考えよ

子どものころ、お彼岸やお盆でお墓参りによくつれていかれました。子どもにとって、お墓参りは面倒くさい行事以外のなにものでもありません。

家でテレビを見ていたいのに、「ええ～っ、またお墓参り……」と無理やりつれていかれるのがつねでした。

お墓参りには、等観も一緒に行くことがあります。子どもですから、ここぞとばかり、お坊さんである等観に素朴な質問をなげかけました。

「じいちゃん、ご先祖さまって、あの石の下にいるの？」

大人たちが「ご先祖さまにお祈りしなさい」と言うので、私はてっきりご先祖さま

はあの石の下にいるのかと思っていたのです。

あんなに狭くて、暗くて、じめじめしたところに、たくさんのご先祖さまがぎゅうづめになって入っているところを想像すると、ぞっとしました。子どもらしい素朴な疑問に、等観は笑って答えてくれました。

「ばかだなあ。あんなところにいるはずがないだろう。**ご先祖さまはお墓の下じゃなくて、どこにでもいるんだよ**」

「えっ、どこにでもってどこ？」

「そこらじゅうだよ。そこの森や山や風や木や、おまえのまわりの空気の中にもいるんだよ」

私はびっくりしました。等観の言うことがほんとうなら、私たちはそこらじゅうにいるご先祖さまに囲まれて暮らしているわけです。私は思わず自分のまわりを見まわしてしまいました。

「でもどこにいるのか、全然見えないよ。それにどこにでもいるんなら、お墓参りなんかしなくってもいいじゃないの」

子どもながらに反論すると、等観はご先祖さまについて、とても重要な考え方を教えてくれました。

「いいか、よく聞け。**お墓はあの世とこの世をつなぐ電話機なんだよ。**でもただ電話機の受話器を持ちあげただけじゃ、相手につながらないだろ。番号を回さなきゃいけない。だからお経をあげるんだ。お経や真言（マントラ）は電話番号だよ。お墓に行って、お経や真言を唱えるのは、電話機のところに行って、番号を回すのとおんなじだよ。そうすると、あの世にいるご先祖さまにつながって、『もしもし』って話ができるんだ」

等観の説明に、「へえー」と子どもながらにものすごく納得できたのを覚えています。

等観によると戒名（法名）も大切で、戒名はあの世でのその人の名前だそうです。だからお経をあげるときは、必ず戒名を言って、その人を呼ばなければいけません。

「生きていたときの名前でいいじゃん」と私は思ったのですが、「電話でも『誰々さん、お願いします』とちゃんと名前を言わないと、その人が出てこないだろ」というわけです。

等観はお墓に行くと、墓石に刻まれたすべての先祖の名前を言って、供養していました。ひとりひとり読みあげるので、時間がかかってしかたありません。

「まーだ？」と退屈になって、よく祖父をせっついたものです。でも等観によると、全員の名前を読みあげないと、その人に気持ちが届かないというのです。

卒業式でも、代表者ひとりの名前だけを呼んで「以下256名」と言われるより、たとえ面倒でもひとりひとりきちんと呼ばれたほうがうれしいものです。ご先祖さまも同じです。

大人になってから、私も等観の言ったことを思い出し、お墓参りでは必ず俗名と戒名をセットにして言ってお経をあげるようにしています。

声に出してお経を唱え、戒名（法名）を言う。

これを言うか言わないかで、大きな差が生まれます。私はこれを実行するようになってから、運がどんどん上向いてきました。ご先祖さまの応援とサポートを受けられるようになったと確信しています。

名前を読みあげるのは、自分の家のお墓だけではありません。等観は隣のお墓も、墓石に刻みこまれている戒名を読みあげながら、お経をあげていたのです。

「どうしてお隣にもするの？」と聞くと、等観は「学校でも隣の席に座った子とは、すごくご縁があるだろ。**お墓が隣どうしというのは、学校で席が隣りあったのと同じだよ。**あの世でもお世話になっているんだから、両隣のお墓にはちゃんとお参りしないといけないんだ」と教えてくれました。

この教えを思い出し、大人になってから、あるときの墓参りで、両隣のお墓もお参りしてみたことがあります。お隣のお墓は「矢野目《やのめ》さん」という珍しい名前でした。

すると翌週、仕事で名刺交換した人が偶然にも「矢野目さん」という名前だったのです。「キタァァァー！」という感じです。

「お久しぶりです」

「いや、初めてですよね？」

「じつは先週お墓参りをしたときに、うちのお墓の隣が矢野目さんだったんです。なにか特別なご縁があるのでしょうか」

「そのお墓、うちの遠い遠い親戚なんでしょうかねぇ？　でも、なんだかうれしい話ですね」

そこから仕事の話につながって、仲よく一緒に仕事をするようになりました。ご先祖さまの応援はたしかにあるのです。お墓参りをするのは、あの世のご先祖さまとつながって、その応援とご縁をもらうためには絶好のチャンスといえるのです。

ただ等観の言う「ご先祖さまはどこにでもいるんだ」という説明は、なかなか理解できるものではありませんでした。死んだ人が魂になって、元いた魂のふるさとに戻っていくのはなんとなくわかるのですが、その〝ふるさと〟がそこらじゅうにある、と言われても、想像がつかないのです。

『千の風になって』という歌のように、風になってご先祖さまがいるのでしょうか。あるいはいつか等観が教えてくれたように、ご先祖さまの命が、木漏れ日のような光のシャワーになって降り注いでいるのでしょうか。

亡くなった人の魂がどのように存在するのか、よくわからない、と思っていたら、なんと、最新の量子物理学でその存在を示唆する実験結果が出たのです。

ハーバード大学の理論物理学者のリサ・ランドール博士という美人女性教授の本や動画が、その理論をわかりやすく説明しています。

科学者たちが共同でスイスの地下に巨大な加速器をつくり、量子どうしを衝突させる実験を行いました。ぶつかった量子は割れて飛び散るのですが、破片を集めて元の形に戻してみると、そのうち、いくつかはどこかに消えてしまうという不思議な現象があらわれたのです。

破片を残らず集めれば、ジグソーパズルのように元の形になるはずです。それなのに、何回実験をくり返しても、どこかに消えてしまう破片が必ずある。いったい消えた破片はどこに行ったのでしょう。

ここからがランドール博士の仮説です。私たちが認識している世界は縦・横・高さで構成される3次元の世界です。これ以外に、点だけの1次元の世界、縦・横だけ（つまり平面）の2次元の世界があります。

1次元の世界からは2次元が認識できず、2次元の世界からは3次元が認識できません。たとえば平面だけの2次元の世界にいる人は、高さが認識できません。ですから、平面に置かれたものが、上下（つまり高さ）に移動したとたん、「消えた！」と認識するでしょう。

ということは、3次元にいる私たちが「消えた！」と認識した量子のかけらは、3次元ではない別の次元に移動したという証明にはならないでしょうか？

そしてこの別次元は、私たちがいる3次元のまわりのどこにでもある、とランドール博士はいいます。1次元や2次元が3次元の世界に含まれているのと同じように、私たちには認識できない別次元が、私たちがいる3次元の世界を含み、とりまいているのです。

私は思いました。**肉体を離れて魂になった祖先たちは、別次元に行ったのではないでしょうか。**その別次元こそ「あの世」と呼ばれている世界ではないか、と。

そして「あの世」は、遠い宇宙の果てにあるのではなく、表裏一体のように私たちのすぐそばにある。

「ご先祖さまはそこらじゅうにいるんだよ」という等観の言葉は、量子力学という最先端の科学にも通じる、深い意味をもっていたのだと、私は合点がゆきました。そこらじゅうにいるけれど、次元が違うので認識できない。

だからこそ、お墓やお経や真言や戒名(法名)という、別次元につながるためのさまざまな特別なツールが、昔から言い伝えられてきたのではないでしょうか。

「墓のない人生は、はかない人生だぞ」

～あらゆるものに感謝する生き方が繁栄をもたらす

等観と一緒にお墓参りをしたさい、等観が不思議な言葉を口にしたことがあります。墓地の中を歩きながら、「この墓には万霊さんがない」「この墓には万霊さんがいる」とつぶやくのです。

私は最初は名字だと思っていました。でもどうやらそうではないようです。よく見ると、佐藤家の墓にも、「佐藤家」と書いた墓石の横に、「万霊」と書いた小さな墓石が鎮座しています。

「じいちゃん、万霊さんってなに？」

「万霊さんとは、あらゆる霊のことだよ。私たちは佐藤家だけで生きているわけじゃないんだ。いろんな人たちに助けられているんだよ。でもひとつひとつ名前を書いていったら、書くところがなくなっちゃうだろ。だから『万霊』と書いて一緒にまつるんだよ」

祖父のなぞの言葉、「万霊さん」とは関係諸霊、つまり自分やその一族にご縁があったすべての命たちの霊のことだったのです。

自分の家の先祖だけまつればいいのだ、というのは〝我よし〟の生き方です。でもすべてはつながっていて、ひとつだという宇宙の真理からすると、〝我よし〟の生き方は、宇宙の流れに反することになります。

そんなことをしていては「家」は繁栄しません。万霊さんの墓をまつるのは、見えないところで私たちを助けてくれたさまざまなご縁に対して、感謝の気持ちをあらわす意味があったのです。

そのためにはどんなに小さくてもいいので、自分の家のお墓の隣に、万霊さんの墓をつくる。そして墓参りのときに、一緒にお花やお線香をあげるのがいいのです。

等観も「それぞれの家に万霊さんを祭る習慣があるといいんだけどな」と言ってい

ました。たまに万霊さんがあるお墓を見つけると、立ち止まって「たいしたもんだ」とほめていたものです。


等観によると、万霊さんをまつっている家で、一家離散したり、お墓参りに来る人が誰もいない、という家はないはずだ、というのです。

私が「どうせ死んじゃったら、お墓なんてなくてもどうでもいいんじゃないの」と言ったことがあります。

すると等観は、「どうでもよくはない。**墓のない人生は、はかない人生なんだ**」とダジャレのようなことを言いました。「なに、そのダジャレ」と私は笑いましたが、等観はいたって真面目でした。

「はかないという言葉は、お墓からきているんだぞ。はかない人生ということは、誰からも顧みられない。ホッとすることもない。生きている意味が感じられない人生をいうんだ。子孫にそんな人生を送らせたくないだろう。だから、ご先祖さまはちゃんとお墓をつくって、万霊さんもまつって、子孫がご先祖さまとつながれるようにしているんだ」

たかがお墓。されどお墓です。ご先祖さまや自分とつながっているすべての霊に感謝する気持ちのあらわれが、お墓という形に象徴されているのだとしたら、お墓も雑には扱えません。

お墓がないということは、ご先祖さまにも、万霊さんにも、誰にも感謝がない人生といっても過言ではありません。そんな人の子孫が幸せに繁栄するわけがない、と私も思います。

「ありがとうには『ございます』をつけなさい」

～ミラクルな言葉を言うと、奇跡が起きる

等観と駄菓子屋さんに行ったときのことです。駄菓子を買ってお店の人から商品を

手渡されたとき、私は「ありがとう」と言って受け取りました。するとそばに立っていた等観が「惜しい！」と言ったのです。

「今のは50点だな。**『ありがとう』に『ございます』をつけたら100点だったぞ**」

等観から「惜しい！」と言われて、私はちょっとうれしくなりました。よくできたけれど、あと少し。そんなニュアンスがあったからです。

これが「今のはダメだね。50点だ。『ございます』をつけないと100点になれないよ」と否定されたら、けなされた感じがして、やる気もうせたと思うのです。

同じことを注意するのでも、「今のはダメだ」と言われるのと「もうちょい。惜しい！」と言われるのでは、天と地ほどの差があります。

のちに塾で子どもを教えるようになったとき、私は等観の「惜しい！　もうちょっとだ」を意識的に使うようにしました。「ダメだ」と言うとふてくされる子どもも、「惜しい！」という指導をすると、がんばって直そうとするのです。

ところで、なぜ等観は「ありがとう」だけではダメで、「ございます」をつけなさいと言ったのでしょうか。

等観の説明によると、「ありがとう」は「有ることが難い」、つまりそれが起こることはなかなかない＝起きているのが奇跡、という意味だというのです。要するに、ありがとう＝奇跡、というわけです。

それに「ございます（ご座居ます）」をつけるのは、「奇跡がここにございます」、つまり、今ここに奇跡があります、起きましたという意味になります。

たとえば、コーヒーを出してもらったとします。「ありがとう」は、ちょうど飲みたかったコーヒーがあるという奇跡について語っています。

ここに「ございます」をつけると、「ちょうど飲みたかったコーヒーが、自分がなにもしないのに目の前にあらわれてくるなんて、これは奇跡です。たった今奇跡が目の前で起こりました！」という意味になります。
「ありがとう」だけでも、言わないより言ったほうがいいのですが、やはり惜しい。「ございます」をつけて、初めて「奇跡が今ここに起きました。ありがとうございました」という、宇宙への感謝の言葉が完成するのです。

そして**どんなことにも「ありがとうございます」と感謝していると、「ありがとう」の奇跡が起きやすくなります。**

なにしろ、いつも「ありがとうございます」を言っているのは、「いつもここに奇跡が起きています。ありがとうございます」と言っているのと同じことです。まさに奇跡だらけではありませんか。

しかも、奇跡が起きる前から「ありがとうございます」を口ぐせにしておくと、まだ起きていない奇跡まで先取りしていることになります。
「ありがとうございます」はいくら言ってもなにひとつ損はありません。言えば言うほど、奇跡が起きる絶妙な「宇宙のシカケ」になっているのだと私は思います。

「十分味わいつくしました。ありがとうございます」

～苦しみは感謝して終わりにする

「ありがとうございます」は感謝の言葉です。この言葉は、感謝してものごとを終わらせるときにも使えると、等観は言っていました。

「十分味わいつくしました。ありがとうございます、って感謝すると、別のレールに切り換わるんだよ」

どういうことかというと、人は間違った思いこみをして、自ら苦しみを求めてしまう場合があります。

たとえば幸せになるためには、苦労しないといけないと思いこんでいると、「苦労よ、どんどん来い！」「苦労、ウェルカム！」になってしまいます。

戦国時代の武将、山中鹿之助は自らの成長を試すため、「我に七難八苦を与えたまえ」と願いました。七難八苦がなければ、自分は成長しないと思いこんでいたわけです。そのため何度も大病を患い、いろいろな苦労を味わった末、とうとう若くして亡くなってしまいました。

エックハルト・トールという精神世界の第一人者は「苦しみは味わいつくすまで続く」といっています。「味わいつくすまで半永久的に続く」といわれると、私たちはどよ～んと落ちこむしかありません。

それに対しての等観の言葉は、ちゃんと解決策を与えてくれています。すなわち、「もう十分味わいつくしました。ありがとうございます。もう私に苦しみという雨を降らせる必要はありません。喜びの雨を降らせてください」と感謝する。すると、苦しみから見事に解放されるというのです。

この「感謝する」というところが大事です。感謝しないと、私たちの魂のふるさとである宇宙に声が届きません。

でも感謝すると、宇宙は「今まであなたは苦しみを求めていたけれど、もう十分なんですね。じゃあ、これからは苦しみはなしにして、元のシナリオ通りの道を与えましょう」と苦しみのレールを切り換えて、予定通りのレールに乗せてくれるでしょう。

「宇宙のシナリオ」通りに歩いていけば、すべては予定通り。道はちゃんと続いているので、突然断崖絶壁になったり、行き止まりになったりはしません。かりにそうなったとしても、別の道に行けばいいだけです。等観は、「壁は乗り越えなくてもいいぞ。まわりこめ！」とも言っていました。

宇宙が用意してくれたシナリオが信じられるから、安心して人生を歩きながら、道端に咲いている花をめで、鳥の声を楽しめるわけです。道がどこまで続くかはその人が選んだ寿命ですから、人によって長い、短いがあるでしょうが、とにかく道中は幸せに命が輝きます。

一方「七難八苦を与えたまえ」は、「わざと苦労をしたい」という「エゴのシナリオ」です。「エゴのシナリオ」で動けば、予定通りの道ではないので、たくさんの苦労が待ち受けています。この先がどうなっているか、皆目見当がつきませんから、不安で不安でたまりません。

道を歩いていたら、途中でなくなっているんじゃないか、とか、はたしてこの道でよかったのかとか、心配と不安ばかり。もう道端の可憐な花にも気づかないし、鳥の声も妙にうるさいばかりです。

でもそういう苦難だらけの道をあえて選んでしまったとしても、大丈夫です。その状態を手放せばいいだけです。

等観が教えるように「もう十分味わいつくしました。ありがとうございます」と感謝の言葉を述べればいいのです。そうすれば、カチャッとレールが切り換わり、別の道に移ることができるというわけです。

ついでにふれておくと、ややもすると人間はすぐ「エゴのシナリオ」に迷いこみ、気がつくと眉間にしわを寄せて、苦しい毎日を送ってしまっていることがありますよね。どうも最近、「宇宙のシナリオ」からルートをはずれているかもしれない、と感じるときです。

そういうときに知っておくと便利な呪文を、特別にお教えします。それは「阿耨多羅三藐三菩提（あのくたら／さんみゃく／さんぼだい）と読むマントラ（密教の真言）で、意味は「宇宙と一体になった最高の悟り」のことです。

「あのくたら／さんみゃく／さんぼだい」はお釈迦《しゃか》さまが話していたサンスクリット語の音読みですから、そのまま発音して心の中で唱えると、音のバイブレーションが宇宙と共鳴するといわれています。

すると、「宇宙のシナリオ」に戻りやすくなります。「十分味わいつくしました。ありがとうございます」だけでもいいのですが、あれ？　もしかして「エゴのシナリオ」に迷いこんでしまったかな？　というときは、こういうマントラのパワーをお借りする方法を知っておくのも、楽しく愉快に人生を生きるコツのひとつです。

「ごめんなさい、許してくださいは、最強の言葉だぞ」

～「スイートサレンダー」は人間関係のトラブルを回避する

「世の中にすごくパワーがある言葉があるんだよ。ひとつは『ありがとうございます』。**もうひとつは『ごめんなさい、許してください』だ。**この2つがしょっちゅう使えるようになると、すごくいい運がめぐってくるぞ」

等観は子どもの私に、いつもこの言葉を使うよう言い聞かせていました。そのおかげで、「ありがとうございます」は、抵抗なく言えるようになりました。

大人になってからも、「ありがとうございます」が反射的に口をついて出るようになったのは、ひとえに等観のおかげです。

しかし「ごめんなさい、許してください」はなかなか言える言葉ではありません。「ごめんなさい」までは言えても、「許してください」をつけるのは、ものすごくハードルが高いのではないでしょうか。

「許してください」という言葉は、本心から「ごめんなさい」と思っていないと出ない言葉です。

とくに最近は、「簡単にあやまるな」というアメリカの合理主義の考え方も入ってきているので、たとえ自分が悪くても、「ごめんなさい」はもちろん「許してくださ い」とは、口がさけても言うなと教えこまれることが多いのです。

もしそんな言葉を言おうものなら、たちまち相手につけこまれて、損をすると思ってしまいます。でもほんとうに自分からあやまるのは、損をする生き方なのでしょうか。

等観は「ごめんなさい。許してください」と先にあやまってしまったほうが、トラブルにならないし損をしない、お互いの成長につながると教えています。

それは等観が言っていた「戦わないのがいちばん強いよ」という教えにも通じるも

のがあります。

こんなことがありました。ある夏休みの終わりごろです。私は「夏休みの友」という宿題に追われていました。

やるべきことはみな後回しにするのが、私の悪いくせです。そのときも、夏休みの宿題をためにためてしまい、ふうふう言いながら「夏休みの友」に取り組んでいたのです。

たまたま家に来ていた等観は、なにも言わず、私の横で静かに墨をすっていました。

余談になりますが、墨は私たちがすると、たいてい先端が斜めになってしまいます。等観は、私の家に来ると、まずは家中にある斜めになっている墨を見つけて、まっ平らになるまで、すりつづけるのがつねでした。

「墨をするのは瞑想《めいそう》になっていいぞ。いろいろな瞑想のしかたがあるが、単純な動作をくり返すことで、簡単に瞑想状態に入れるんだ。アイロンをかけるのもいいんだぞ。おまえもおかあさんの手伝いをして、アイロンをかけなさい。瞑想しているのと同じ効果があるんだから」

ほんとかな、と思いましたが、あとでいろいろ調べてみると、どうやらほんとうのようです。男性経営者のなかには、趣味はアイロンがけという人が意外に多いのです。

瞑想には静かに座って行う静禅と、動きながら行う動禅があります。御神輿《おみこし》のように同じ動きをくり返したり、縄跳びのように単純な動きをくり返すと無心の状態になりますが、それも一種の動禅になるようです。四国八十八箇所を歩いて回る巡礼も、歩く瞑想といえるでしょう。

等観が無心に墨をすっていたのも、立派な動禅のひとつだったのです。

話を元に戻すと、私が「夏休みの友」をせっせとやっていて、その横で等観が墨をすっていたときです。妹が部屋に入ってきて、「じいちゃーん!」といきなり等観に飛びつきました。

その瞬間、すっていた墨がはねて、私の「夏休みの友」にかかってしまいました。表紙は無残にも墨が飛び散っています。

私は逆上して、「この墨、どうすんだよ！　汚れちゃったじゃないか！　どうすんだよ！」と、殴りかからんばかりに妹にくってかかりました。

今にして思えば、べつにたいしたことではなかったのです。墨がかかったのは表紙でしたから、中身に影響はありませんでした。でも子どもとしてみれば、きれいな表紙のままの「夏休みの友」を提出したかったのでしょう。

そのときです。等観が、ものすごく真剣に、そして静かに、心から詫《わ》びる口調で、私に「**ごめんなさい。許してください**」と言ったのです。

墨をすっていたのは自分。その墨がかかったのだから、悪いのは自分、というわけでしょう。その顔があまりに真剣かつ迫力があったので、私はそのあとなにも言えなくなってしまいました。

ふつうなら、子ども相手ですから、「まあまあ、わざとやったんじゃないし。そんな怒るな」となだめて、いなすのが大人の行動でしょう。

でも等観は、小さな子どもの私にも、心から真剣に許しを乞うたのです。

❖

「スイートサレンダー」という言葉があります。直訳すると「甘い降伏」です。「私が悪かったのです。もうなにもかもあなたにおまかせします。どうぞ私を好きにしてください」という意味で、相手に対して完全降伏の態度をとることで、結果として悪いことは起きないという意味です。

言葉を換えれば、すべてを宇宙の流れにゆだねて、まかせるといってもいいでしょう。まさに「ごめんなさい。許してください」は「私が悪かったのです。あなたの思うままにしてください」という「スイートサレンダー」そのものです。

ふつう、人はミスをしたとき、自分を防御するために言いわけをします。会社で発注ミスをして、「誰だ！　こんなにトイレットペーパーを発注したのは。トイレに山積みになってるじゃないか！」と怒られたとします。
「それは私です。すみません」と一応あやまったとしても、必ずその理由を述べるはずです。たとえば「じつはシステムが変わったばかりで『1』をクリックしたら、ひとつではなく、1グロスになっていたんです」みたいな（1グロスは12ダース、144個のことです）。

しかし「ごめんなさい。許してください」には言いわけがまったくありません。自分を防御しようとしたり、人にマウントしたい気持ちがあったり、相手が自分より弱い立場であったら、ぜったいに言えない言葉です。

この言葉を素直に言えたのが、パナソニックをつくった松下幸之助さんです。あるとき、会社で上層部が新入社員のアイデアを盗んで、ちゃっかり自分の手柄にしてしまったことがありました。

真相がわかったとき、幸之助は、新入社員の両手をとって、「**堪忍や、堪忍やで。許してな**」と言ったそうです。

社長からそう言われた新入社員は、その場で号泣したといわれています。アイデアを盗まれた怒りや、会社に対する不信感は、すっかり吹き飛んでいたでしょう。

「ごめんなさい。許してください」はそれぐらいの威力がある言葉です。心から許してほしい、悪いカルマをチャラにしてしまう言葉ですので、心から相手に詫びたいときに使ってみましょう。

日常よく使われる「すみません」では言葉が軽すぎて、許しを請う真心が伝わりませんので、念のため。

「徳を積むには、ご縁のあった人の心を軽くするだけでいい」

～「陰徳」を積めば積むほど、魂が成長する

脳外科医だった私の父は、「**徳を積むことが大切なんだよ**」と口ぐせのように言っていました。

手術もする外科医という人の生死に関わる仕事をしていただけに、魂を磨く徳積みは、父にとっても身近な問題だったのでしょう。

もっともまだ子どもだった私は、「徳積み」の意味がよくわかりませんでした。それでも父親からあまりによくその言葉を聞かされていたので、徳を積むのはたいへんなことなのだ、というイメージがありました。

等観が家に来たとき、私は「徳積み」について聞いてみました。

「ねえねえ、徳積みってたいへんそうだね」

等観はにっこり笑って「全然、たいへんじゃないよ」と答えました。

「徳積みはな、**ご縁があった人の心をほんのちょっぴり軽くするだけでいいんだ。**たとえばおまえの学校で、泣いている子がいたとするよな。その子に『大丈夫？』と声をかけてあげるだけでいいんだよ。そのひと言で、ご縁があったその友だちの心がちょっぴり軽くなるだろ。それだけでりっぱな徳積みになるんだ」

「へえ〜、それならぼくにもできるや」

私の心も少し軽くなりました。

「ご縁がある人の心をほんの少し軽くする」——これは仏陀が、弟子に「徳積み」について聞かれたときに言った答えです。

「徳積み」は、どこかに大きな寄付をしたり、すごい社会事業をやらなくてもいいのです。近所にひとり暮らしのおばあさんがいたら、「おはようございます」と元気に明るく挨拶する。それだけで、向こうの気持ちは晴れやかになります。

あるいは病院にお見舞いに行って「ずいぶん顔色がよくなったね」と言えば、病人の顔も明るくなります。

お金に困っている人であれば、お金は貸せなくても「大丈夫だよ。君ならなんとかなるよ。今までだってたいへんな状況を乗り切ってきたじゃないか」と励ますことはできます。

それらはみな、相手の心をほんの少し明るくしているりっぱな「徳積み」です。

お金といえば、先日、私は友人からたいへん深刻な相談を受けました。

「今月、カードを全部ストップされて、支払いもできないんだ。自己破産しようと思うんだけど、誰にも相談できなくて」

金額が巨大すぎて、彼にお金は貸せません。でも私でもなにか役に立つことはできるはずです。

「そうだな、自己破産する前に弁護士に相談すればいいよ。どんな敏腕弁護士でも、新米弁護士でも、世の中の弁護士の相談料は一律30分５０００円と決まっているんだ。だから、俺が知り合いの弁護士の先生を紹介するよ」

「そうか。でもその相談料の５０００円も払えそうもないなあ」

「わかった。じゃあ、その５０００円だけ俺が用立てておくから、とにかく弁護士のところに行けよ」

と言って、知り合いの弁護士を紹介しました。友人はわらにもすがる思いで相談に行ったのですが、さすが法律のプロ。相談してみると、自己破産しなくてもすむ「個人再生」という方法があることを教えてくれました。

そして「個人再生」に入ると、本人ではなく弁護士が債務者に通達するので、カード会社はもちろん消費者金融からも、いっさい請求が来なくなりました。

毎日、あちこちから来る取り立てに悩んでいた彼も、弁護士のところに行った翌日から、すべてがウソのようにピタリと止まって、まるで地獄から天国にのぼった気分になったそうです。

彼からは泣いて感謝されて、私のセロトニンとオキシトシンの濃度も一気に上がりました。

こんなふうに「徳積み」はささいなことでいいのです。人に声をかけるだけでもいいし、ハガキを書いたり、ラインをするのでもいい。「ためになる動画を見つけたよ」とリンクを送ってあげたり、自分が知っている情報を提供してあげたり。

ご縁があった人の心をほんのちょっとだけ軽くする。それだけでいい、と等観から言われたことが、どれだけ私の心を軽くしてくれたことか。「徳積み」は人のためではなかったのです。人の心を軽くできた。その喜びが自分の心を軽く、豊かにしてくれるのです。

「名前を変えると『宇宙のシナリオ』も変わるんだ」

～うまくいかないときは、名前を変えてみる

名前のことを「姓名」といいますが、「姓名」は「生命」と音が同じです。また「氏名」という言い方もあります。こちらは「使命」と音が同じです。

これは偶然ではない、と等観が教えてくれました。私たちの名前は、文字通り、生命と使命をあらわしているのです。

ですから名前を変えるのは、生命と使命を変えること。まさに「宇宙のシナリオ」を変えることになるのです。

等観は「**名前は大事だぞ。名前を変えると『宇宙のシナリオ』も変わるんだぞ**」と言っていました。

等観自身、チベットに行って、ダライ・ラマ13世と再会したとき、「おまえには名前がある。たった今から、おまえはトゥプテン・ゲンツェンだ。今日からその名前を名乗れ」と改名を告げられました。

「多田等観」のままでは、日本人の旅行者気分でチベット仏教の勉強をするだろう。それではダメだ。名前を変えて、チベット人として本気で勉強しろ、とダライ・ラマは言いたかったのです。

ちなみに等観が与えられた「トゥプテン」はダライ・ラマ13世の正式名であるトゥプテン・ギャツォに由来しています。

そんな尊い名前を、よくわからない国から来た一介の小坊主に与えたものですから、周囲の嫉妬は相当なものでした。

ちょうど空海が中国に渡ったとき、真言宗の高僧だった恵《けい》果《か》阿《あ》闍梨《じゃり》から、突然「おまえを私の後継者にする」と言われ、何千人ものお弟子さんの嫉妬を買ったのとよく似ています。

等観はもらった名前に恥じないよう、チベットで片方の目を失明するほど勉学に励みました。そしてふつうなら習得に30年はかかるといわれる「ゲシェー（仏教哲学博士）」の資格をたった10年でものにしたのです。

「多田等観」のままだったら、おそらく「ゲシェー」にはなれなかったのではないでしょうか。チベットで「トゥプテン・ゲンツェン」に改名したことで、「宇宙のシナリオ」が書き換わり、チベット仏教の高僧と呼ばれる人生に切り換わったのです。

名前を変えるというのは、それくらい影響の大きいことです。等観は「仕事やプライベートでうまくいかない人は、名前を変えればいいんだぞ」といっています。じつは私も改名して、自分の運命が変わったと思っています。

私のほんとうの名前は「佐藤等」です。等観を尊敬していた私の父が、等観の名前を一文字とって、「等」という名前をつけたのです。

私はこの名前で、習慣の大切さについて書いた1冊目の本を出版しました。2001年、私が43歳のときです。

自信満々、ベストセラー間違いなしで出版した本でしたが、ふたをあけてみると、さんざんな結果に終わりました。重版すらかからず、自宅はそこいらじゅう在庫の本の山になりました。

おまけに父が突然亡くなり、さらには自分が離婚することになって、私生活はボロボロになってしまいました。

離婚なんて芸能人がすることで、まさか自分がそうなるとは夢にも思っていなかったので、ショックなんてものではありません。

心労がたたって、私は職場で倒れ、救急搬送されるはめになりました。もう三重苦どころか、四重苦、五重苦の世界です。

悪い流れを断ち切ろうと、私は改名に踏み切りました。「仕事がうまくいかない人は、名前を変えればいいんだぞ」という等観の言葉を思いだしたからです。ただし、等観によれば、なるべく名字は変えないほうがいいそうです。名字はご先祖さまにつながる名前。ご先祖さまが応援してくれるからです。

私も名字の「佐藤」はそのままにして、下の名前だけ変えることにしました。じつは父が亡くなって、遺品を整理していたとき、私の名前に関する記述が出てきたのです。

私の父は几帳面な人で毎日かかさず日記をつけていました。私が生まれたときの日記もあるのかな、と探してみると、奥のほうのミカン箱から茶色く変色した大学ノートが大量に出てきました。そのなかに2ページにわたって、私の名前をいろいろ考えた形跡があったのです。

「等」とか「周」とか、いろいろな字が書いてありました。「西蔵」なんていう候補もありました。そんなたくさんの名前のなかで二重丸がついている文字を発見しました。

それは「伝」でした。母に聞いてみると、ほんとうは私は「伝」という名前になるところだったそうです。

「おとうちゃんは、最初、おまえに『伝』て名前をつけようとしてたのよ。でも、おじいちゃんに義理立てして、『等』にしたの。だからほんとうはおとうちゃんは『伝』にしたかったんだよ」

その話を聞いたとき、私は鳥肌が立ちました。もしかしたら私は「佐藤伝」として生まれてきたかもしれない。もしも「佐藤伝」なら、どんな生命、どんな使命をもって生きてきただろうか。

私は父がつけたかった「伝」という名前、これを自分のビジネスネームにしようと決めました。迷いはありませんでした。この名前で新しい人生が開けると直感したからです。草葉の陰から父が応援してくれる気がしました。

実際、**「佐藤伝」に改名してからは、うそのようにすべてがＶ字回復しました。**

「伝」名義で出した２冊目の本はベストセラーに。３冊目、４冊目とどんどん本を出し、ベストセラー作家の仲間入りができました。

社会人や企業を対象にした研修や講演活動も軌道に乗り、私生活でも新しい伴侶を得て、人生は大きく変わりました。

おそるべし、氏名（使命）のパワー……。

人生や仕事に行き詰まってしまい、どうにも思うようにならないときは、私のように、名前を変えるというのは、ひとつの方法だと思います。等観が言ったように、改名すると「宇宙のシナリオ」が変わるのです。

改名するにさいしては、姓名判断もひとつの参考にはなりますが、個人的にはあまりおすすめしません。

なぜかというと、姓名判断にはいろいろな流派があって、こちらの流派では大吉の名前が、別の流派では大凶だったりするからです。

そもそも画数でみるのなら、画数のない外人の名前はどうするのでしょう。それに姓名判断をしてくれる〝先生〟自身が人生で大成功しているのかというと、けっこう微妙であることが少なくありません。

姓名判断で人生が変わるのなら、その姓名判断をしてくれる先生自身の人生を変えるほうが先なのではないかと思ってしまいます。


私は**すべての答えは自分自身の中に隠されている**という考え方をしています。ですから名前を決めるときは「Oリングテスト」でやればいいと思っています。

「Oリングテスト」とは、ニューヨーク在住の日本人医師・大村恵昭《よしあき》先生が開発された、画期的な手法です。あくまでもひとつの参考として考えていただければいいと思います。

「Oリングテスト」のやり方ですが、まず候補の名前を紙に書いて折り畳み、左手で握ります。右手は親指とひとさし指でOという文字をつくります。そして誰かにこの

Oリングをこじ開けるように親指とひとさし指をひっぱってもらいます。

簡単に開いてしまうなら、その名前にエネルギーはありません。強い力でこじ開けようとしても、Oリングが開かないものが、自分の中にある〝答え〟です。


ついでにふれておくと、結婚して姓が変わる場合、両方の姓のご先祖さまから、ダブルで応援が受けられることになります。

今は結婚しても別姓を通す人がいますが、せっかくダブルでパワーがもらえるのですから、相手の姓を名乗ることを、私は強くおすすめします。

「紙に書いてやりとりすると、問題は解決するんだ」

～対立する意見は第三者を通して紙面でやりとりする

ある夜、不思議な光景を目にしました。父と母が正座して、深刻な表情で、等観の前に座っています。誰ひとりとしてひと言も口をききません。子どもながらに「これは入ってはいけないな」と直感し、ふすまのすきまからじいっと様子をうかがっていました。

見ていると、等観は無言ですずりと筆を母親に渡します。「なにをするんだろう」となおも凝視していると、母は紙に筆でなにか書き、等観に渡しました。等観はそれを受け取り、1回うなずくと、その紙を父に渡し、すずりと筆を持たせました。

父はそれを読み、紙に自分もなにか書きつけて、等観に渡したのです。等観は父の紙を見て1回うなずき、母にそれを渡します。

無言でずっと、そんなやりとりがつづいています。なにかおもしろそうなゲームをやっているのかな、と思いましたが、そのわりには誰も笑っていません。私はその不思議なやりとりに、もう釘づけになってしまいました。

しばらくそんなことをしていて、やがて父と母の顔に笑顔が浮かびはじめました。そして父が「悪かったね。許してくれ」みたいなひと言を言ったあと、全員が笑顔になり、酒盛りが始まったのです。

子どもなりに、もしかしたら父と母がけんかをしているのかな、と心配していましたが、仲直りができたのだという安心感がこみあげて、ほっとしました。

彼らが酌み交わしていた一升瓶には「日本盛」というラベルが貼ってありました。その「日本盛」という文字が、そのときのほっとした安堵《あんど》の気持ちとともに、今でも鮮明に心に残っています。

そのあと、テレビで「日本盛はいいお酒♪」というコマーシャルが流れるようになりました。私はそれを見るたびに、あの夜の「日本盛」を思い出し、「ほんとうにいいお酒なんだな」とほっこりするのを感じました。今でも「日本盛」には、いいイメージしかありません。

しばらくして、私はこの夜のことを等観に聞いてみました。

「じいちゃんたち、この間の夜、紙になんか書いたりして、やりとりしてたよね。あれ、なにしてたの？」

等観はギョロリと私をにらみました。

「おまえ、見たな。あれはじいさんがチベットで習った秘密の手法なんだよ。誰にも言うんじゃないぞ」

そう言われると、ますますなにをしていたのか知りたくなります。「ねえ、ねえ、なにしてたの？　なにしてたの？」としつこくせがむと、ようやくあの晩の出来事について教えてくれました

「あのな、けんかしている2人がいるとするよな。口に出して、お互いの言い分を言いあうと、『おい、てめえ』とか『なんだと。うるせえ』とか、よけいな言葉を言ってしまって、ますますけんかがひどくなるだろ。言葉は刀みたいに人を切るからね。**でも紙にお互いの言い分を書くと、ほんとうに言いたいことしか書かないだろ。**紙には『おい、てめえ』とか『うるせえ』とか書かないからね。そうすると問題の本質がいったいなにか、ちゃんと浮き彫りになって、解決が早いんだよ。これがチベット密教式の、問題にフォーカスしてもめごとを解決する秘密のやり方なんだよ」

補足すると、等観が滞在していたころのチベットでは紙がひじょうに貴重でした。1枚の紙を小さく切って、大事に大事に使ったそうです。その紙に、自分の言い分を書くわけですから、よけいなことはいっさい書けません。

ほんとうに必要なことだけをズバリ、ズバリと書いていく。その紙を交換するので、問題の本質にどんどん迫っていけるというわけです。

私ものちに自分の研究所でカウンセリングをするときに、この手法を使わせてもらいました。あるとき高齢のご夫婦がカウンセリングにやってきました。奥さんのほうがご主人に不満があるようで、ご主人はイヤイヤつれてこられたという感じでした。

さっそく等観の手法をまねて、奥さんにご主人への不満を紙に書いてもらいました。それをいったん私が受け取って、内容を読んだあと、ご主人に渡しました。

今度はご主人に、自分の思いを書いてもらって、私が受け取り、奥さんに渡します。直接、当人どうしで渡しあうのではなく、間に第三者が入るのが秘訣《ひけつ》です。そうすることで、より客観的に自分の書く内容を精査できます。

何度かやりとりをしたあと、夫婦の問題が明らかになってきました。奥さんの不満はスキンシップが少ないということ。要するに寂しかったのです。

ご主人からしてみたら、「なんだ、そんなことか。それぐらい、いくらでもさわってやるよ」と最後は笑顔になり、夫婦で手をつないで帰ってきました。

その後ろ姿が微笑《ほほえ》ましく、思わず私も笑顔になってしまいました。もし言葉だけで相談に乗っていたら、ご年配の奥さんのほうは「私のことをもっとさわってよ」とは、恥ずかしくて口がさけても言えないでしょう。

ご主人のほうも奥さんのほんとうの不満がわからないので、「俺のなにが不満なんだ！　おまえは黙って家事だけしていりゃいいんだ」みたいな話になってしまって、解決が難しかったと思うのです。

紙に書く。そして書いたものを第三者を経由して、相手に渡す。そうすることでお互いに冷静になれ、口ではとても言えない本音も伝えられます。ものごとの本質に素早く迫るというところが、チベットで秘法とされていたゆえんです。

「結婚は仇どうしがする。だから夫婦げんかはあたりまえ」

～縁によってくっつき、縁によって離れる

ところで、等観は夫婦についておもしろいことを教えてくれました。〝日本盛〟の事件からしばらくしてからです。

「じいちゃん、あのとき、とうちゃんとかあちゃんはけんかしてたの？」

私が聞くと、等観は大きくうなずきました。

「そうだよ。とうちゃんとかあちゃんはけんかしてたんだ。でも夫婦がけんかするのはあたりまえなんだよ。だって2人は前世で仇《かたき》どうしだったんだからね。**仇だった者どうしがそのカルマを消すために、今生で、わざわざ仇を選んで結婚するんだ。**だからけんかするのは、おまえんとこのおとうちゃん、おかあちゃんだけじゃないんだよ」

そして等観は私が納得できるように、わかりやすく説明してくれました。

「たとえば、天下分け目の関が原の戦いってあっただろう。東軍と西軍が槍でつつきあったり、刀で切りあったり。でも宇宙はみんながひとつになって仲よくなるシナリオになっているから、そうやって戦った相手に『あのとき、ごめんね。痛かったでしょ』『前世では切りあったけど、今生ではちゃんと仲よくしようね』と仲直りする機会をあげるんだよ。それが結婚なんだ。でも、もともと仇どうしだったから、結婚してうまくいく人もいれば、またけんかしちゃう人たちもいるよね。けんかしちゃったときは、来世までまたもう一度やり直すんだよ」

たしかに言われてみれば、結婚するとき、なぜこの相手を選んだのか、不思議といえば不思議です。地球上には70億人も人間がいるのですから、「この人しかいない」なんてありえない。

それなのに、「結婚するなら、この人しかいない」と思ってしまうのは、宇宙の絶妙な采配といえなくもありません。

そして結婚式では「病めるときも、健やかなるときも」と誓いの言葉を交わしたのに、いざ実際に生活が始まってみると、「なんでこんなのと結婚しちゃったんだろう」と思うことがしばしばです。思い当たりますか？（笑）

それはもともと自分たちが仇どうしだったからです。仇なんだから、合わないのはあたりまえ。そのことがわかっていると、「こんなヤツ、許せん！」という気持ちも少しは落ち着いてきて、「今生では仲よくなって、憎みあう因縁を消そう」という謙虚な態度になれるのです。

それでも、私のようにバツがついてしまう人もいます（じつはバツとは思っていないので、私はマルイチと言っていますが……）。仇どうしが出会ったのも縁ですが、うまくいかなくて離れてしまうのも縁といえるでしょう。

結局、仏陀が唱えたのは「縁起説」です。すべては縁によって起こるというのが、仏教の根本的な考え方です。人は縁によって出会い、縁によって別れます。それが宇宙の真理です。

あの時代、仏陀は現代の物理学というものを看破していました。あるとき、仏陀の十大弟子のひとりが「この宇宙はどうなっているんですか」とたずねたことがあります。すると仏陀は「目に見えない小さな小さな粒でできている」と答えたのです。「小さな粒」というのはいわゆる量子、クオークです。仏教では「微塵《みじん》」といいますが、宇宙はその微塵がくっついたり離れたりしているだけ。まさに現代量子物理学でいわれていることと同じ概念です。

ではどんなときに小さな粒がくっついたり、離れたりするのかというと、それはただひとつ。「縁」だと、仏陀はいうのです。

ですから、**出会った縁は大切にし、離れていく縁には執着しない。**とはいっても、結婚を決意するほどの相手との縁は、とても大きなものですから、この縁を大切に、仇どうしの憎しみはぜひ今生で解決したいものです。

なお、結婚しても子どもがない夫婦は、今生では子育てという経験をしなくてもいいシナリオをもって生まれてきたのです。密教的にいうと、子どもが生まれた人は「子育て」という宿題をもってきた人で、子どもがいないのは「子育て」という宿題が不要な人です。

また世の中には結婚しない人もいますが、そういう人は、結婚ではないものにエネルギーを注ぎなさい、というシナリオをもっていると思っていいでしょう。たとえば仕事や社会貢献にエネルギーを注ぐのもいいし、芸術的な創作活動に没頭するのもいいと思います。

人はそれぞれ自分の魂のレベルに合った「宇宙のシナリオ」をもって生まれてきます。それを受け入れて、「やっぱり子どもがほしかったのに」とか「結婚したかった」とジタバタしないことが大切です。

おわりに

インドの古い話です。

あるときインドの王様が哲学者たちを集め、あらゆる難しい哲学を1冊の本に簡潔にまとめるよう命じました。

哲学者たちは懸命になって、何万冊もの哲学書をまとめ、10年の月日をかけて、ようやく1冊の本に編纂《へんさん》することができました。しかしその間、王様は病に倒れ、本ができあがったときには臨終の床にあったのです。

「わしは体が弱って、たった1冊でも、本を読むことはできぬ。もう死にそうだから、1冊の内容をひと言で言ってくれないか」

そこで哲学者の代表が、王様の耳元に近づいてこう言いました。

「人は生まれ、苦しみ、そして死ぬ」

王様は満足そうに「うん」とうなずくと、そのままガクッと息絶えたということです。

けっきょく何万冊もの哲学書を読んでみても、書いてあることはどれも同じ。「人は生まれ、そして死ぬ」ということです。命はそのようにして循環していくということでしょう。

その大本になるのが、チベット密教の考え方です。「宇宙のシナリオを信じ、おまかせすればいい。いずれ宇宙のふるさとに帰っていくのだから」ということが、何万冊もの哲学書に書かれている本質なのです。

脳外科医だった私の父は、亡くなるとき、私の手を握って「しんぺえすんな」と言いました。それが父の最後の言葉です。

当時の私は人生最悪の状態に置かれていました。ちょうど信頼していた従業員に裏切られた時期でもあり、塾の経営のこと、大事な生徒たちや保護者のことで頭を抱えていた上に、前の奥さんとの間で離婚話が持ちあがり、もめごとばかりでした。

とうとう塾でひとりでいるときにバッタリ倒れ、心肺停止直前までいったことがあります。ほんとうに偶然、通りかかった友人が私の塾に立ち寄ってくれて、倒れている私を発見してくれたので、すぐに救急搬送されました。

病院では、私の魂が肉体から離れて、ベッドに横たわる自分を上からながめているという貴重な体験もしました。

「あれ？　おかしいぞ」と医者たちがあわてている様子や声もはっきりわかります。「お〜い、ぼくはここにいますよ〜」と、病室の天井の隅っこから、下にいるドクターやナースたちに声をかけても、誰も気づいてくれません。これがまさに、臨死体験というものでしょう。

なんとか無事、私は生き返ることができましたが、もしあのとき、友人がたまたま訪ねてくれなかったら、私はきっと、もうとっくにこの世にいなかったはずです。

とにかくそんな最低最悪の状態にあった私に、父は最後に「しんぺえすんな」という言葉を残したのです。どんなにたいへんなことがあっても、心配することはない。すべては宇宙のシナリオ通りなんだから。宇宙にまかせておけばいいんだ。

等観の教えを受けついでいた父は、最後にそう息子の私に言い残して、この世を旅立ったのです。

今でも未熟な私は、ささいな目の前の心配事でパニックになったり、心がざわざわしてくることがあります。

そんなとき、近くにある新宿御苑に行って、芝生の上にはだしになって瞑想《めいそう》することにしています。はだしになり、結跏趺坐《けっかふざ》というあぐらをかいて、呼吸を整えます。重心を氣海《きかい》丹田に置き、雑念を払っていくと、やがて心がすーっと落ち着いてくるのを感じます。

そういえば、じいさんが「宇宙から分離しているときは、心が焦るんだ」と言っていたっけ。

「宇宙と一体になれば、なにも悩まなくていい。すべて信じておまかせすればいいんだからな。おまえはただ、息をしているだけでいいんだぞ～」

芝生の上で心静かに瞑想していると、等観の秋田なまりの朴訥《ぼくとつ》とした声が、聞こえてくるような気がします。今でも等観は私の中で生きつづけています。

なにも怖《おそ》れることはありません。私たちは予定通り生き、予定通り死んでいくだけです。すべてを宇宙におまかせして、ただ息をしているだけでいいのです。

最後まで私のつたない文章を読んでくださり、宇宙のメッセージを受け取ってくださって、ほんとうにありがとうございます。

このご縁もまた、あなたと私の「宇宙のシナリオ」ですね。

令和2年1月

佐藤　伝

佐藤 伝（さとう・でん）

総合習慣の専門家。著作150万部突破のミリオンセラー作家。
[illegible]

[illegible]

[illegible]

[illegible]年[illegible]月[illegible]日　初版印刷
[illegible]年[illegible]月[illegible]日　初版発行

著　者　佐藤 伝
発行人　植木宣隆
発行所　株式会社サンマーク出版
　　　　〒169-0075 東京都新宿区高田馬場 2-16-11
　　　　電話 03-5272-3166
印　刷　株式会社暁印刷
製　本　株式会社村上製本所

ISBN978-4-7631-3784-5 [illegible]
ホームページ http://www.sunmark.co.jp